Renate Spaetgen

Alles aus einem Topf

Eintopf Gulasch & Ragouts

Originalausgabe

WILHELM HEYNE VERLAG
MÜNCHEN

HEYNE KOCHBUCH
07/4562

INHALT

Die Rezepte sind, falls nicht anders angegeben,
für 4 Personen bestimmt.

Abkürzungen und Erläuterungen:

EL   = Eßlöffel
TL   = Teelöffel
Msp   = Messerspitze
l   = Liter
g   = Gramm
TK   = Tiefkühlkost
1 Tasse entspricht $\frac{1}{8}$ l

Vorwort

Heutzutage wissen wir es sehr wohl zu schätzen, kulinarische Hochgenüsse in kürzester Zeit auf den Tisch zaubern zu können. Und gerade das sind Gerichte aus einem Topf allemal. Nirgends verbinden sich verschiedene Aromen nebeneinander schmorender Gemüse-, Fisch- oder Kartoffelstückchen, Hülsenfrüchte und Kräuter zu solch unnachahmlichem Wohlgeschmack von neuer, runder Intensität wie bei dieser Art des sanften Miteinander-Garens.

Das in einem Topf gekochte Gericht ist jedoch nicht immer das schnellste — im Gegenteil! Sie finden hier auch Rezepte, die in der Vorbereitung recht arbeitsaufwendig sind — allerdings immer nur *vorher*. Sobald alles im Topf schmort, köchelt, bullert, brutzelt, ist die meiste Arbeit getan, und Sie können sich entspannt der Vorbereitung anderer Speisen oder auch Ihren Gästen widmen. Manche Gerichte benötigen in diesem Stadium keinerlei Aufsicht, wieder andere wollen ab und zu umgerührt oder in der Flüssigkeit ergänzt werden.

Auch — und gerade — wer sich gesundheitsbewußt ernähren will, kommt hier voll auf seine Kosten, denn das sanfte Nebeneinander-Köcheln mit der aromatischen Intensivierung des Geschmacks erlaubt es, auf zuviel Salz zu verzichten und die Fettmenge erheb-

7

lich zu reduzieren, insbesondere, wenn man auf den guten alten Tontopf zurückgreift, für den viele Spezialrezepte enthalten sind. Sein enormer Vorteil besteht darin, daß während des Garens keinerlei Vitaminverlust entsteht, alles schön saftig bleibt und man den Topf getrost sich selbst überlassen kann, sobald er im Ofen steht. Anbrennen ist ausgeschlossen, das Ergebnis wird zum Geschmackserlebnis.

Da sich die meisten Gerichte aus einem Topf sehr gut vorkochen und in der Regel auch einfrieren lassen, eignen sie sich ideal zur Gästebewirtung. Mit kleinen, raffinierten Vorspeisen und leichten, fruchtig-frischen Desserts kombiniert, werden sie zu kompletten Menüs, die im Handumdrehen auf dem Tisch stehen — nach dem ausgiebigen Sonntagsspaziergang ebenso wie zur Mitternachtseinladung oder wenn überraschend Besuch vor der Tür steht.

Viele der Länder, die wir alle so gerne bereisen, haben Rezepte für diese Sammlung beigetragen: Türkei, Griechenland, Italien, Jugoslawien, Spanien, Amerika, von Frankreich erst gar nicht zu reden, so daß wir jederzeit in Reminiszenzen schwelgen und kulinarische Erinnerungen wachrufen können, wann immer uns gerade danach ist. Der Fantasie sind, wie beim Kochen überhaupt, keinerlei Grenzen gesetzt.

Rindfleischgerichte

Ragout von Fleisch und Möhren

500 g Rindfleisch
1 grob zerhackter Rinderknochen
65 g magerer Speck
½ l Fleischbrühe
1 EL Öl
2 Zwiebeln
⅛ l Weißwein

700 g Möhren
Salz, Pfeffer
Majoran
Thymian
1 Bund Petersilie
2 gestrichene TL Stärkepuder

Den Speck in kleine Würfel schneiden und in Öl ausbraten. Fleisch zu Würfeln schneiden und mit dem Knochen braten. Zwiebeln schälen und in Würfel schneiden, mit in den Topf geben, Fleischbrühe und Wein zugießen. Den Topfinhalt bei mittlerer Hitze ca. 20 Minuten köcheln lassen. Dann mit Salz, Pfeffer, Majoran und Thymian würzen. Die Möhren in kleine Scheibchen schneiden, dazugeben und das Ganze weitere 40 Minuten garen. Die Knochen aus dem Gericht entfernen. Stärkepuder in kaltem Wasser anrühren und die Sauce damit binden.

Paprikatopf

500 g Gulaschfleisch
vom Rind
50 g Speck
4 EL Öl
4—5 Zwiebeln
1 Lorbeerblatt

Pfefferkörner
1 kg Paprikaschoten
250 g Champignons
250 g Tomaten
Paprika, edelsüß

Speck in Würfel schneiden und im Öl auslassen. Das Fleisch von allen Seiten gut darin anbraten. Die Zwiebeln schälen, würfeln, dazugeben und bräunen. Lorbeerblatt und 4—5 Pfefferkörner hinzufügen, ¼ l kochende Rindfleischbrühe angießen, alles salzen, pfeffern und mit Paprikapulver würzen.

Das Gulasch ca. 1 Stunde schmoren. In der Zwischenzeit die Paprikaschoten putzen, entkernen, in breite Streifen schneiden und zum Fleisch geben. Wenn nötig, noch etwas Fleischbrühe dazugießen. Paprikaschoten ca. 20 Minuten mitgaren. Frische Champignons waschen, putzen und in Scheiben schneiden; Dosenpilze abtropfen lassen, unter das Fleisch mischen und weitere 15 Minuten mitdünsten. Tomaten überbrühen, schälen und vierteln. Dann die Tomaten noch 5 Minuten mitgaren. Alles noch einmal gut mit Salz und Pfeffer würzen. Mit frischem Brot servieren.

Deutsches Gulasch

600 g Rindfleisch
300 g Zwiebeln
50 g Räucherspeck
1 Knoblauchzehe

400 g Kartoffeln
2 TL Paprika
Kümmel
Salz

Das Rindfleisch waschen, trockentupfen und in kleinere Würfel schneiden. Die Zwiebeln schälen und in Ringe schneiden. Das Fleisch und die Zwiebeln zusammen mit dem kleingewürfelten Speck, etwas Paprika, Salz, Kümmel und einer durchgepreßten Knoblauchzehe in einen Topf geben, vermischen und mit Wasser aufgießen, bis alles knapp bedeckt ist. Ca. 1 Stunde bei mittlerer Temperatur schmoren.
Die Kartoffeln schälen, in kleine Würfel schneiden und zum Fleisch geben, das Ganze noch einmal mit Wasser auffüllen. Zugedeckt so lange köcheln, bis das Fleisch weich geworden ist und die Kartoffeln teilweise zerfallen sind. Durch das Zerfallen der Kartoffeln entsteht eine dickliche Bindung.

Pikanter Ochsenschwanztopf

1 kg Ochsenschwanz
¼ l Weinessig
¼ l Wasser
200 g durchwachsener
Räucherspeck in
Scheiben
2 Möhren
2 Zwiebeln
¼ Knolle Sellerie
2 Knoblauchzehen

2 EL Paprikapulver, süß
Pfeffer
1 l Salzwasser
¼ l Wein
125 g kleine Zwiebeln
200 g Möhren
150 g Lauch
200 g Rosenkohl
1 EL Worcestersauce
1 Bund Petersilie

Den in Stücke gehackten Ochsenschwanz über Nacht in verdünntem Weinessig marinieren.

Eine Tonform mit Deckel 15 Minuten wässern. Die Speckscheiben in der Pfanne knusprig ausbraten und in die bereits gewässerte Tonform legen. In dem zurückgebliebenen Fett die abgetrockneten Ochsenschwanzstücke rösten und zusammen mit den kleingeschnittenen Möhren, Zwiebeln und dem Sellerie von allen Seiten knusprig braun braten. Den Pfanneninhalt auf die Speckscheiben in den Tontopf schütten. Darüber in der Presse Knoblauchzehen ausdrücken, Paprikapulver und Pfeffer darauf streuen, Wasser und Wein angießen, daß alles gerade bedeckt ist und zusammen im geschlossenen Topf bei 250 Grad im Rohr schmoren. Den Tontopf in den kalten Ofen schieben und erst dann einschalten.

In der Zwischenzeit das übrige Gemüse putzen und kleinschneiden. Nach 2 Stunden die Tonform vorsichtig aus dem Ofen nehmen und das kleingeschnittene Gemüse einlegen. Die Form wieder schließen und für eine weitere Stunde bei der gleichen Temperatur in den Ofen zurückgeben.

Vor dem Servieren etwas Worcestersauce darüberspritzen und mit feingewiegter Petersilie bestreuen.

Rindsgratin mit Kräutern

500 g gekochtes Rindfleisch
250 g Zwiebeln
50 g Schmalz
1 EL Mehl
¾ l Fleischbrühe
Petersilie
1 Lorbeerblatt
1 TL Thymian

Selleriegrün
2 TL kleingehackte Petersilie
3 EL Tomatenmark
Salz, schwarzer Pfeffer
Weinessig
50 g Paniermehl
30 g Butter

Die Zwiebeln fein schneiden und im heißen Schweineschmalz andünsten, mit Mehl bestäuben und unter Rühren goldbraun rösten. Die Brühe dazugießen, Tomatenmark und die kleingeschnittenen Kräuter hinzufügen, mit Salz und Pfeffer würzen und das Ganze ca. 25 Minuten bei mittlerer Hitze kochen. Das Rindfleisch in feine Scheiben schneiden. Die Hälfte der Kräutersauce in eine gefettete ofenfeste Form gießen, mit den Fleischscheiben belegen und mit der restlichen Sauce überdecken. Mit Petersilie bestreuen und mit etwas Essig bespritzen, mit Paniermehl bestäuben und heiße Butter darüberträufeln. Im vorgeheizten Backofen bei 220 Grad etwa 10—15 Minuten überbacken.

Wirsing-Fleisch-Topf

(Foto Seite 116)

1 kg Rinderkochfleisch
(Beinfleisch oder Bug)
ohne Knochen
2 Zwiebeln
1 Lorbeerblatt
8 Pfefferkörner
Salz
1 Knoblauchzehe
1 Bund Karotten

1 kleine Sellerieknolle
1 Kohlrabi
1 kleiner Wirsing
2 Eigelb
2 EL Crème fraîche
gemahlener Kümmel
Paprika
1 Bund Petersilie

Das Fleisch mit heißem Wasser knapp bedecken, Salz, grob geschnittene Zwiebeln, Lorbeerblatt, Pfefferkörner und die ungeschälte Knoblauchzehe zugeben und bei kleinster Hitze halb bedeckt etwa 1½ Stunden weich kochen — das Wasser darf dabei nicht sprudeln! Inzwischen die Gemüse putzen, alle Wurzelarten in dünne Scheiben, Würfel oder Stifte schneiden, den Wirsing schmalstreifig hobeln. Etwa 30 Minuten bevor das Fleisch gar ist, zwei gute Tassen von der Brühe abschöpfen und in einen Topf gießen. Die Wurzelgemüse dazugeben, bei mäßiger Hitze weich köcheln, Wirsingstreifen nach 10 Minuten zufügen. Das Fleisch in Scheiben schneiden, ca. 1 l Brühe durchseihen, mit Eigelb und Crème fraîche leicht binden, dann würzen. Fleisch auf dem Gemüse anrichten, heiße Brühe darübergießen und mit gehackter Petersilie bestreuen.

Amerikanischer Rindfleischtopf

100 g getrocknete
Aprikosen
500 g Rindfleisch
½ l Wasser
250 g Sellerie
1 Stange Lauch

500 g Kartoffeln
1 TL abgeriebene
Zitronenschale
2 EL Orangensaft
Salz
Cayennepfeffer

Die getrockneten Aprikosen möglichst am Vorabend in Wasser einweichen.

Am nächsten Tag das Fleisch in eine gewässerte Tonform legen und 1/2 l Wasser dazugießen. Den Sellerie schälen und in kleine Stifte schneiden. Vom gut gewaschenen Lauch das Grün entfernen und die weißen Teile in Ringe schneiden. Die Kartoffeln schälen und würfeln. Alles miteinander vermischen und zum Fleisch in die Tonform geben. Die am Vortag eingeweichten Aprikosen zusammen mit dem Einweichwasser in die Form geben.

Die Form schließen, in den kalten Ofen schieben und das Ganze bei 220 Grad 2 Stunden lang im Rohr schmoren.

Den pikanten Rindfleischtopf vor dem Servieren mit abgeriebener Zitronenschale, Orangensaft, Salz und Cayennepfeffer abschmecken. Dann das Fleisch in Scheiben schneiden und auf dem Eintopf anrichten.

Kohlrabi-Eintopf

750 g Kohlrabi
400 g Kartoffeln
500 g mageres Rind-
fleisch

1 Msp gemahlene
Muskatnuß
¾ l Fleischbrühe

Eine Tonform mit Deckel wässern. Die Kohlrabi schälen und in Stifte, die Kartoffeln in Würfel schneiden.
Das Fleisch ebenfalls würfeln. Abwechselnd Kohlrabi,
Kartoffeln und Fleisch in die gewässerte Tonform
schichten. Muskatnuß unter die Brühe rühren, die
dann über das Ganze im Tontopf gegossen wird. Die
oberste Schicht sollte knapp bedeckt sein. Die geschlossene Form in den kalten Ofen schieben, auf
220 Grad schalten und ca. 1¼ Stunden garen.

Rindfleisch-Gemüse-Topf

750 g Rindfleisch
3 große Zwiebeln
375 g Paprikaschoten
400 g Tomaten
3 Knoblauchzehen

Salz
1 EL süßes Paprikapulver
¼ l saure Sahne
Wasser

Eine Tonform mit Deckel wässern. Das Fleisch in kleine Würfel schneiden und die geschälten Zwiebeln
grob hacken. Die Paprikaschoten entkernen und in
Streifen schneiden. Die Tomaten überbrühen, abziehen und vierteln.
Alle diese Zutaten in eine Schüssel füllen und die

3 Knoblauchzehen mit einer Presse darüber ausdrükken. Salz und süßes Paprikapulver dazugeben. Gut
miteinander vermischen und in die gewässerte Tonform geben. Nun die saure Sahne und soviel Wasser dazugießen, daß alles bedeckt ist.
Die Form schließen, ins ungeheizte Rohr schieben,
auf 220 Grad schalten und ca. $1\frac{1}{4}$ Stunden garen.

Berner Rindfleischtopf

700 g Rindfleisch *250 g Bohnen*
zum Kochen *(aus der Dose)*
2 mittelgroße Zwiebeln *4 Wiener Würstchen*
1 kg Kartoffeln *1 TL Butter*
1 Bund Suppengrün

Etwa $2\frac{1}{2}$ l Salzwasser zum Kochen bringen, 1 geviertelte Zwiebel, Suppengrün und das gewaschene
Fleisch dazugeben. Das Fleisch sollte etwa $1\frac{1}{2}$ Stunden leise köcheln. Die Kartoffeln schälen, waschen,
in Würfel schneiden und in der letzten halben Stunde
der Kochzeit auch dazugeben. Die Bohnen in den
letzten 5 Minuten des Kochvorgangs dazumischen,
aber vorher Suppengrün und Zwiebelstückchen entfernen.
Würstchen gesondert in Wasser heiß machen. Die
restliche Zwiebel fein wiegen und in Butter anrösten.
Fleisch aus dem Topf nehmen, in Scheiben schneiden
und zusammen mit den Würstchen anrichten. Das
Gemüse mit den Kartoffeln würzig abschmecken.
Geröstete Zwiebelstückchen darüber verteilen.

◁ *Schmortopf mit Oliven* (Rezept S. 23)

Flämischer Rindertopf

1 kg Rindfleisch
40 g Schweineschmalz
3 Zwiebeln
1 EL Mehl
½ l dunkles Bier
Salz, Pfeffer

1 Lorbeerblatt
1 TL Thymian
2 TL Zucker
1 EL Essig
1 Scheibe Weißbrot
2 TL Senf

Das gut gewaschene und trockengetupfte Rindfleisch
in Gulaschwürfel schneiden. In einem Topf Schmalz
heiß werden lassen und das Fleisch kräftig anbraten,
salzen und pfeffern. Fleisch aus dem Topf nehmen.
Die Zwiebeln schälen, in Scheiben schneiden und
auch im heißen Schmalz anrösten, Mehl darüberstreuen, umrühren und das Bier unter Rühren angießen. Das Fleisch wieder in den Topf geben, Lorbeerblatt, Thymian, Zucker und Essig hinzufügen und das
Fleisch bei mittlerer Hitze garen. Nach ca. 30 Minuten die mit Senf bestrichene Weißbrotscheibe hineingeben. Das Ganze dann noch einmal wenige Minuten bei geringer Hitze köcheln lassen.
Mit knusprig frischem Weißbrot servieren.

Griechischer Rindfleischtopf
mit Gemüse

1 kg Rindfleisch
250 g weiße Bohnen
5 große Kartoffeln
4 Tomaten
1 kleines Weißkraut
1 kleiner Rotkohl

3 große Zwiebeln
2 grüne Paprikaschoten
Salz, schwarzer Pfeffer
¾ l trockener Weißwein
(z. B. Demestica,
keinen Retsina!)

Die Bohnen über Nacht einweichen. Am nächsten Tag im Einweichwasser kochen, bis sie fast weich sind. Das Rindfleisch in kleine Würfel schneiden. Kartoffeln und Tomaten schälen und ebenfalls in Scheiben schneiden, Rotkohl und Weißkraut in feine Streifen schneiden. Die Zwiebeln schälen und fein hacken, die Paprikaschoten entkernen und in Streifen schneiden. Das zerkleinerte Gemüse bis auf Kartoffeln und Tomaten gut miteinander mischen. In einen großen Topf abwechselnd je eine Schicht Fleisch und eine Schicht Gemüse geben und jede Lage mit Salz und schwarzem Pfeffer bestreuen. Zum Abschluß die Tomaten- und Kartoffelscheiben dazugeben. Nun den ganzen Weißwein auf einmal zugießen und das Gericht bei geschlossenem Topf ungefähr 3 Stunden leise köcheln lassen.

Rindfleischkasserolle Athen

700 g mageres Rind-
fleisch
50 g Frühstücksspeck
40 g Mehl
1 Knoblauchzehe
⅛ l Rinderbrühe
⅛ l kräftiger Rotwein

½ TL Salz
3 Möhren
6 kleine Zwiebeln
4 Pfefferkörner
2 ganze Nelken
2 Lorbeerblätter

Das Fleisch in kleine Würfel schneiden, mit dem Mehl bestäuben und auf einen Teller legen. Den Frühstücksspeck in einer Pfanne anbräunen und nicht zu knusprig werden lassen. Danach in kleine Stücke schneiden und beiseite stellen. Den durchgepreßten Knoblauch in das heiße Speckfett geben. Die Hälfte der Fleischwürfel zufügen und gut anbräunen. Danach herausnehmen und auf einen Teller legen. Das restliche Fleisch auch anbräunen. Wenn das ganze Fleisch gut angebraten ist, alles noch einmal in die Pfanne geben, mit Brühe auffüllen, Wein angießen, salzen und alles einmal kurz aufkochen. Diese Mischung nun in eine große Kasserolle füllen. Die Möhren säubern und klein würfeln, die Zwiebeln schälen und in Scheiben schneiden; dieses Gemüse zusammen mit Pfefferkörnern, Nelken, Lorbeerblättern und dem kleingeschnittenen Frühstücksspeck in die Kasserolle geben. Die Kasserolle zudecken und das Gericht im Backrohr bei 150 Grad 2 Stunden schmoren. Dazu gibt es frisches Land- oder Weißbrot.

Mexikanischer Paprikatopf

2 rote Paprikaschoten
3 Beinscheiben (Rind)
1¼ l Wasser
Salz
1 TL Pfefferkörner
150 g geräucherter
Speck
20 g Butter
1 große Zwiebel

125 g Mais
(aus der Dose)
125 g rote Bohnen
(aus der Dose)
2 kleine grüne
Chilischoten
1 Glas Rotwein
1 TL Honig

Die Paprikaschoten entkernen, die Zwischenwände entfernen und das Fruchtfleisch in Streifen schneiden. Die Beinscheiben abspülen, abtupfen und mit Wasser, Salz und Pfefferkörnern etwa 90 Minuten kochen. Dann das Fleisch von den Knochen lösen, in Würfel schneiden und die Brühe durchsieben. Den Speck würfeln und in einem großen Kochtopf auslassen. Danach die Butter darin erhitzen, die in Ringe geschnittene Zwiebel und die Paprikastreifen mit anschmoren. Die Brühe angießen, Fleischwürfel, die abgetropften Maiskörner und die Bohnen zufügen, mit Salz, Pfeffer und den Chilischoten würzen und noch etwa 15 Minuten bei mittlerer Temperatur durchziehen lassen. Zum Schluß das Ganze mit Rotwein und Honig abschmecken.

Jamaikanischer Pfeffertopf

750 g Rinderkeule
1 EL Salz
½ TL frisch gemahlener
schwarzer Pfeffer
Tabascosauce
500 g Weißkohl

1 Stange Lauch
1 große Zwiebel
1 EL Mehl
250 g Okra* (aus dem
Spezialgeschäft)

Das Fleisch in grobe Würfel schneiden und mit 3 Tassen Wasser, Salz, dem frisch gemahlenen Pfeffer und 1 oder 2 Tropfen Tabascosauce zum Kochen bringen. 1½ Stunden auf mittlerer Temperatur köcheln lassen. Den Kohl säubern und fein schneiden, den Lauch gut waschen, in feine Scheiben schneiden, dabei nur das Weiße verwenden, die Zwiebeln schälen und in Scheiben schneiden. Alles zum Fleisch geben und weitere 20 Minuten mitkochen. Erst in den letzten 10 Minuten die Okra beifügen. (Sollten Sie Okra nicht bekommen, dann können Sie ersatzweise auch Tomaten geschält und in Würfel geschnitten dafür verwenden.)

---

* Okra, auch Bamia oder Gombo, ist eine fingerlange, grüne bis gelbliche Schotenfrucht, die im Geschmack an grüne Bohnen erinnert und in tropischen Gegenden, aber auch ums Mittelmeer an mannshohen Sträuchern wächst. Man wäscht sie in kaltem Wasser und schneidet Kappen bzw. harte Spitzen ab. Es gibt sie auch in Dosen oder tiefgefroren.

Schmortopf mit Oliven

(Foto Seite 15)

1 kg Rindfleisch
(Schulter oder
Nacken)
2 große Zwiebeln
2 Knoblauchzehen
2 Fleischtomaten
4—5 EL Olivenöl
2 TL Mehl
2 Lorbeerblätter

ca. 15 grüne Oliven,
entkernt und in
Scheiben geschnitten
½ Zimtstange
1 Msp Kreuzkümmel
Salz, Pfeffer
⅛ l trockener Rotwein
750 g Schalotten
1 Bund Petersilie
2 EL guter Rotweinessig

Das Rindfleisch in große Würfel schneiden. Zwiebeln und Knoblauch schälen. Zwiebel in Ringe schneiden, Knoblauchzehen ganz lassen. Tomaten mit kochendem Wasser überbrühen, kalt abschrecken und häuten. Das Tomatenfleisch grob hacken.
In einem Schmortopf das Öl erhitzen und das Fleisch darin rundherum kräftig anbraten. Mit Mehl bestäuben. Zwiebel, Knoblauchzehen, Tomaten und die Gewürze zufügen, kurz mitschmoren lassen. Mit Rotwein ablöschen. Nach und nach soviel heißes Wasser (oder Fleischbrühe) zugießen, daß die Zutaten knapp mit Flüssigkeit bedeckt sind. Das Fleisch zugedeckt bei milder Hitze zunächst 1 Stunde schmoren lassen. Die Schalotten schälen und zusammen mit den Oliven in den Schmortopf geben und noch einmal ca. 1 Stunde schmoren. Dabei so wenig wie möglich umrühren, damit die Zwiebeln ganz bleiben.
Mit Salz, Pfeffer und etwas Essig abschmecken. Die Petersilie hacken und vor dem Servieren den Schmortopf damit bestreuen.

Chili con carne

Natürlich gibt es von diesem beliebten mittelamerikanischen Nationalgericht mexikanisch-indianischen Ursprungs unzählige Variationen, jedoch sind Bohnen und Chilipulver in jedem Fall dabei.

250 g braune, rote	*1 große Zwiebel*
oder weiße Bohnen	*Salz*
1 l Wasser	*Pfeffer aus der Mühle*
2 EL Olivenöl oder	*1 TL Chilipulver*
Schweineschmalz	*1 EL Paprika edelsüß*
500 g Rindfleisch	*3—4 enthäutete*
oder Kalbsbrust	*Tomaten*

Die Bohnen am Vorabend in 1 l Wasser einweichen. Am nächsten Tag im Einweichwasser etwa 1½ Stunden kochen. Nach 1 Stunde Öl oder Fett in einer Pfanne erhitzen, das gewürfelte Fleisch darin rundherum braun anbraten, die geschälte, gewürfelte Zwiebel dazugeben und glasig braten. Den Pfanneninhalt zu den Bohnen geben, mit Salz, Pfeffer, Chilipulver und Paprika würzen. 60 Minuten leise köcheln lassen. Die Tomaten würfeln, ebenfalls zugeben und weitere 30 Minuten köcheln. Wer möchte, kann das Gericht noch mit 1 TL Speisestärke, die in etwas kaltem Wasser angerührt wurde, binden.
Dazu gibt es frisches Landbrot oder körnig gekochten Reis.

Schweinefleischgerichte

Champignontopf mit Fleisch

500 g Schweinefilet
500 g frische
Champignons
2 grüne Paprikaschoten
2 EL Öl
Salz

Paprika, edelsüß
1 Zwiebel
$\frac{1}{8}$ l Fleischbrühe
1 Becher Joghurt
$\frac{1}{2}$ Bund Dill

Das Schweinefilet waschen, trockentupfen und in
Streifen schneiden. In heißem Öl in der Pfanne anbräunen, salzen und mit etwas Paprika würzen, dann
beiseite stellen. Die Champignons waschen und in
kleine Scheibchen schneiden, die Paprikaschoten
entkernen und auch in feine Streifen schneiden.
Zwiebel schälen, würfeln und alles zusammen im
Bratfett andünsten, dann die Brühe angießen. Die Pilze und das Gemüse werden 10 Minuten gedünstet.
Dann das Fleisch dazugeben und den Joghurt vorsichtig unterrühren, alles noch einmal kurz aufkochen
und mit gehacktem Dill bestreut servieren. Dazu
schmeckt frisches Weißbrot.

Schweineragout

gut ¾ l Fleischbrühe
250 g Champignons
oder frische Pfifferlinge
500 g Schweinefleisch
100 g Bambussprossen
(aus der Dose)
1 Zwiebel
1 Knoblauchzehe
3 EL Öl

5 EL Wasser
1 TL Essig
1 EL Sojasauce
1 TL Speisestärke
1 EL trockener Sherry
Salz
Zucker
Cayennepfeffer
200 g Reis

Den Reis in der Fleischbrühe 20—25 Minuten im geschlossenen Topf garen.
Die Pilze putzen und waschen. Das Schweinefleisch in dünne Streifen schneiden. Zwiebeln schälen und in dünne Ringe schneiden, Knoblauch schälen und hakken. Öl in einem großen Topf erhitzen, Zwiebeln und Knoblauch darin glasig braten. Das Fleisch zufügen und unter Rühren 3 Minuten mitbraten. Die geputzten, in Scheiben geschnittenen Pilze und die Bambussprossen dazugeben. Wasser, Essig, Sojasauce und Stärkepuder miteinander verquirlen, einrühren und alles noch einmal aufkochen. Mit Sherry, Salz, Zucker und etwas Cayennepfeffer würzen. Den abgetropften Reis daruntermischen oder extra dazu reichen.

Bayerisches Pichelsteiner

Für 6 Personen:

200 g Rindfleisch
(Hochrippe)
200 g Hammelkeule
200 g Schweinefleisch
(Bug)
50 g Ochsenmark
3 Zwiebeln
4 Karotten

½ Sellerieknolle
400 g Kartoffeln
2—3 Stangen Lauch
½ Kopf Weißkraut (Kohl)
Salz
Pfeffer aus der Mühle
1 TL Kümmel
1 TL Majoran
½ l Wasser
1 Sträußchen Petersilie

Das Ochsenmark unter fließendem Wasser abspülen, trockentupfen und in Scheiben schneiden. Einen großen Topf damit auslegen. Die anderen Fleischsorten ebenfalls waschen, abtrocknen und in gulaschgroße Würfel schneiden. Die geschälten Zwiebeln in Ringe, die geschrappten Karotten in Scheiben, gepellte Kartoffeln und Sellerie in Würfel schneiden. Den Lauch längs spalten, gut waschen und abgetropft in Stücke teilen. Den geputzten, vom Strunk befreiten halben Krautkopf fein hobeln oder in dünne Streifen schneiden. Gemischtes Fleisch und Gemüse nun abwechselnd in den Topf schichten, dabei jede Lage mit Salz, Pfeffer, Kümmel und Majoran würzen. Die oberste Schicht soll aus Gemüse bestehen. Das Wasser angießen, alles zum Kochen bringen und 1½ Stunden zugedeckt auf kleiner Flamme köcheln. Dabei nicht umrühren. Das Pichelsteiner zum Servieren in eine Schüssel füllen und mit frischer Petersilie bestreut auftragen. Am besten reicht man knuspriges Landbrot und selbstverständlich ein Bier dazu.

Wirsingtopf

1 mittelgroßer Kopf Wirsing	400 g Kartoffeln
350 g mageres geräuchertes Schweinefleisch	Pfeffer
	$1\frac{1}{2}$ l Wasser

Den Wirsing in feine Streifen hobeln und diese in eine gewässerte Tonform füllen. Das Fleisch in kleine Würfel schneiden und ebenfalls in die Form geben. Die Kartoffeln schälen, in Würfel schneiden und auf die Mischung schichten. Etwas Pfeffer darüberstreuen und soviel Wasser dazugießen, daß alles bedeckt ist. Wegen des Geräucherten sehr vorsichtig salzen.
Die Form schließen, in den kalten Ofen schieben und ca. $1\frac{1}{4}$ Stunden bei 220 Grad garen.

Eintopf mit weißen Bohnen

150 g weiße Bohnen	1 TL Zucker
600 g Schweinebauch	Pfeffer
750 g Sauerkraut	2 Stangen Lauch
1 EL Fleischbrühe	200 g Möhren
1 EL Schweineschmalz	Salz

Die Bohnen in ca. $\frac{1}{2}$ l Wasser einweichen und über Nacht stehenlassen. Am nächsten Tag mit dem Wasser ca. 20 Minuten kochen. Den Schweinebauch in kleine Würfel schneiden. Schmalz in einem Topf erhitzen und die Fleischwürfel darin braun anbraten.

Sauerkraut und Bohnen dazufügen, ¼ l Wasser zugießen und alles mit Fleischbrühe, Zucker und Pfeffer würzen. Das Ganze nun im geschlossenen Topf 40 Minuten lang schmoren. Dann den geputzten und in Ringe geschnittenen Lauch sowie die in feine Streifen geschnittenen Möhren dazugeben und weitere 15 Minuten garen. Das Ganze gut mischen.

Zürich-Topf

400 g Schweinefleisch	*Salz*
1 Zwiebel	*1 TL Kümmel*
1 kleiner Kopf Weißkraut	*50 g Speckwürfel*
1 kg rohe Kartoffeln	*2 l Fleischbrühe*
50 g Fett	

Das Fleisch waschen, gut abtrocknen und in kleine Würfel schneiden. Die Zwiebeln schälen und klein würfeln. Das Weißkraut halbieren, schlechte Blätter und Strunk entfernen, dann das Kraut hobeln oder in feine Streifen schneiden.
Die Kartoffeln schälen und in dicke Scheiben schneiden. Fett erhitzen, die Zwiebeln darin hell anrösten, das Fleisch dazugeben und anbraten. Darauf das Kraut und die Kartoffeln einfüllen und dazwischen immer wieder etwas Salz und auch Kümmel streuen. Speckwürfelchen daruntermischen und das Ganze gut durchrühren. Zuletzt die Fleischbrühe zugießen und bei geringer Hitze etwa 60 Minuten köcheln lassen.

Ländlicher Topf

500 g geräucherter Halsgrat
225 g durchwachsener Räucherspeck
4 Möhren
3 Stangen Lauch
½ Sellerieknolle
½ kleiner Weißkohl
1 l Wasser
2 Zwiebeln
1 EL Butter
½ Bund Schnittlauch
½ Bund Petersilie
Salz, Pfeffer

Halsgrat und Speck in kleinere Würfel schneiden. Damit den Boden einer bereits gewässerten Tonform bedecken. Möhren und Lauch putzen und in Scheibchen schneiden. Den ebenfalls geputzten Sellerie in Stifte teilen und den Weißkohl ohne Strunk hobeln. Das ganze Gemüse miteinander mischen und auf die Fleischwürfel schichten. Nun soviel Wasser dazugeben, daß alles bedeckt ist. Die Form schließen, in den kalten Ofen stellen und bei ca. 220 Grad knapp 2 Stunden garen.

Kurz vor dem Servieren die Zwiebeln würfeln und in Butter in einer Pfanne anrösten. Petersilie und Schnittlauch fein hacken. Das Gericht mit Salz und Pfeffer abschmecken, Schnittlauch, Petersilie und geröstete Zwiebel darüberstreuen und mit frischem Bauernbrot servieren.

Serbischer Auflauf

750 g Schweinefleisch   100 g Reis
1 Aubergine   Salz, Pfeffer
750 g Tomaten   1 Tasse Öl
3 Zwiebeln   Rindfleischbrühe
500 g Paprikaschoten   Mehl

Das Fleisch in Würfel schneiden, die Zwiebeln schälen und in dünne Scheiben hobeln, die Aubergine waschen und in kleine Würfel schneiden, Tomaten brühen, die Haut abziehen, achteln und die Paprikaschoten in feine Streifen schneiden. Den Reis in einem Stieltopf mit kaltem Wasser spülen. Diese Zutaten in einen großen Topf geben, Öl hinzufügen, salzen, pfeffern und kräftig umrühren. Soviel Rindfleischbrühe angießen, daß die Masse nicht ganz bedeckt ist. Alles in eine feuerfeste Form füllen. Aus Salz, Mehl und etwas Wasser einen nicht zu festen Teig kneten, fingerdick ausziehen und damit die Masse bedecken. Den Teig am Rand der Form hochziehen. Bei ca. 175 Grad das Ganze im Rohr 2 Stunden garen. Die Teigschicht kurz vor dem Servieren entfernen.

Mexikanischer Fleischtopf

800 g Schweinefleisch
400 g Tomaten
100 g Reis
2 große Zwiebeln
3 Knoblauchzehen
4 EL Öl
½ l Rindfleischbrühe
500 g Kartoffeln
250 g feste Bananen

Salz
Cayennepfeffer
Safran
¼ TL Zimt
¼ TL gestoßene Nelken
100 g geriebene
Erdnüsse
⅛ l süße Sahne

Zwiebeln und Knoblauch schälen, beides fein hacken und im erhitzten Öl anbraten. Das Fleisch in Würfel schneiden, dazugeben und zusammen mit dem Reis leicht anbräunen. Die Tomaten überbrühen, schälen, klein schneiden und auch in den Topf geben. Kochende Fleischbrühe zugießen, salzen, würzen und das Ganze ca. 30 Minuten bei mittlerer Hitze kochen. Die Kartoffeln schälen, vierteln und zusammen mit den in Scheiben geschnittenen Bananen in den Topf geben und weitere 20—30 Minuten kochen. Ganz zum Schluß die Erdnüsse sowie die Sahne daruntermischen und alles noch einmal kurz aufkochen.

Kalbsbrust-Gemüse-Eintopf (Rezept S. 38) ▷

Ungarischer Topf

750 g mageres
Schweinefleisch
5 grüne Paprikaschoten
5 Fleischtomaten
1 große Zwiebel
1 Knoblauchzehe

Salz
1 EL süßes Paprika-
pulver
Pfeffer
¼ l saure Sahne

Das Fleisch in kleinere Würfel schneiden. Die Paprikaschoten entkernen und in Streifen schneiden. Tomaten überbrühen, die Haut abziehen und das Fruchtfleisch klein würfeln. Die Zwiebeln klein hacken, anschließend alle Zutaten vermischen und darüber eine Knoblauchzehe durch die Presse ausdrücken. Nun alles in eine bereits gewässerte Tonform füllen und nach Belieben salzen.
Das Paprikapulver und frisch gemahlenen Pfeffer mit der sauren Sahne verrühren und über die Fleisch-Gemüse-Mischung gießen.
Die Form schließen, in den kalten Ofen stellen und ca. 1½ Stunden bei 220 Grad garen.

◁ *Kohlrabitopf mit Kalbfleisch und Markklößchen*
(Rezept S. 44)

Kalbfleischgerichte

Kalbsragout

800 g Kalbfleisch
3 Zwiebeln
2 Knoblauchzehen
6 EL Öl
1 rote Paprikaschote
1 grüne Paprikaschote

4 Tomaten
$\frac{1}{4}$ l Brühe
1 EL Paprika, edelsüß
Salz, Pfeffer
$\frac{1}{4}$ l Rotwein

Das Kalbfleisch in große Würfel schneiden. Die Zwiebeln schälen und grob hacken. In einem großen Schmortopf Öl heiß werden lassen und das Fleisch mit den Zwiebeln hineingeben. Die Knoblauchzehen durchpressen und dazugeben. Paprikaschoten vierteln, entkernen und in feine Streifen schneiden. Die Tomaten überbrühen, schälen und achteln. Paprikaschoten und Tomaten in den Topf geben, kurz mitschmoren und mit Brühe auffüllen. Mit Salz, Paprika und Pfeffer würzen. Dann kommt das Ganze zugedeckt bei 175 Grad in den vorgeheizten Backofen und muß dort ca. 45 Minuten schmoren. Etwa 5 Minuten vor Ende der Garzeit den Wein dazugießen und gut umrühren. Frisches Weißbrot dazu reichen.

Ungarischer Paprikatopf

4 grüne Paprikaschoten   Salz
60 g Schmalz   20 g Paprika, edelsüß
2 Zwiebeln   250 g Tomaten
500 g Kalbfleisch   Rosenpaprika, scharf

Die Paprikaschoten aufschneiden, entkernen, waschen und in Streifen schneiden. Die Zwiebeln schälen und fein würfeln. Das Fleisch waschen, trockentupfen und grob würfeln. Die Fleischwürfel in Schmalz zusammen mit den Zwiebeln anbraten und mit Salz und Paprika würzen. Alles ca. 20 Minuten im eigenen Saft schmoren, dann die Paprikastreifen dazugeben. Die Tomaten überbrühen, schälen und fein würfeln. Danach auch mit in den Topf geben, weitere 30 Minuten schmoren, dann mit scharfem Paprika abschmecken.

Reistopf mit Champignons

250 g Champignons   2 EL Öl
400 g Kalbfleisch   ½ l Fleischbrühe
175 g Langkornreis   2 EL geriebener
1 kleine Zwiebel   Parmesan

Die Zwiebel fein würfeln und in Öl glasig dünsten. Fleisch in Würfel schneiden, zu den Zwiebeln geben und von allen Seiten goldbraun braten.
Eine gut gewässerte Tonform bereitstellen und den

Pfanneninhalt hineinfüllen. Die Champignons putzen, waschen und kleingeschnitten ebenfalls in die Form geben. Anschließend den gewaschenen Reis zufügen, alles mit der Fleischbrühe übergießen und die Form schließen.

In den kalten Ofen schieben und bei ca. 225 Grad etwa 45 Minuten garen. Dann die Form aus dem Ofen nehmen, den Inhalt mit Parmesan überstreuen und noch einmal für 15 Minuten offen in das Rohr zurückstellen, damit es eine appetitliche Kruste gibt.

Pilzragout Elisabeth

500 g Kalbfleisch
500 g frische Pfifferlinge
(ersatzweise aus
der Dose)
1 Zwiebel
60 g Butter

1/8 l Fleischbrühe
1/8 l saure Sahne
1 kleiner Bund
Petersilie
Salz, weißer Pfeffer

Das Fleisch vorbereiten und in Würfel schneiden. Die Zwiebeln schälen, grob hacken und anschließend in heißer Butter anrösten, dann das Fleisch dazugeben. 10 Minuten zusammen braten, dann die gewaschenen, in Scheiben geschnittenen Pilze hinzufügen. Die Fleischbrühe angießen, alles würzen und unter Umrühren bei mittlerer Hitze garen. Die Sahne zugießen, einmal kurz aufkochen und das Ragout mit gehackter Petersilie bestreut servieren. Dazu schmeckt körnig gekochter Reis oder frisches Weißbrot.

Kalbsbrust-Gemüse-Eintopf

(Foto Seite 32)

Für 6—8 Personen:

1,5 kg mild gepökelte
Kalbsbrust (rechtzeitig
bestellen!)
750 g Möhren
750 g weiße Rübchen
(Navets)
375 g Zwiebeln
1 kg große Kartoffeln
(festkochend)
250 g Spinat

1 Bund glatte Petersilie
Salz
Zucker
weißer Pfeffer aus
der Mühle
1—2 TL englisches
Senfpulver
$\frac{1}{8}$ l Schlagsahne
100 g Crème fraîche
3 EL frisch geriebener
Meerrettich

Die Kalbsbrust mit 1,5 l kaltem Wasser bei mittlerer
Hitze im offenen Topf zum Kochen bringen. Abschäumen. Dann 1 Stunde zugedeckt bei mittlerer
Hitze kochen lassen, das Fleisch nach $\frac{1}{2}$ Stunde wenden.
In der Zwischenzeit Möhren, Rübchen und Zwiebeln
putzen und in kleine Stücke schneiden. Die Kartoffeln
schälen und mit Wasser bedeckt zur Seite stellen.
Den Spinat gründlich waschen. Die Petersilienblätter
von den Stielen zupfen.
Nach 1 Stunde Garzeit Möhren, Rübchen und Zwiebeln zum Fleisch geben und bei milder Hitze 30 Minuten kochen. Dann das Fleisch aus dem Topf nehmen und etwas abkühlen lassen. Die Kartoffeln grob
raffeln, mit Spinat und Petersilie in den Topf geben
und vorsichtig unterrühren. Mit Salz und etwas Zuk-

ker abschmecken, mit Pfeffer und Senfpulver kräftig würzen. Das Fleisch vom Knochen schneiden und würfeln, dabei Fett und Sehnen entfernen. Das Fleisch wieder in den Eintopf geben und ½ Stunde mehr ziehen als kochen lassen. Die Sahne halbsteif schlagen, mit Crème fraîche und Meerrettich mischen und getrennt zum Eintopf servieren.

Kalbsragout Haiti

1 kg Kalbsschulter
3 EL Öl
1 TL Mehl
½ TL frisch gemahlener
schwarzer Pfeffer
1 TL Salz
1 Knoblauchzehe

¼ l Fleischbrühe
1 EL Worcestersauce
1 kleine Dose Tomaten-
saft
½ Tasse Erdnüsse
frische Petersilie

Das Fleisch in Würfel schneiden. Die Knoblauchzehe schälen. In einem Topf das Öl erhitzen und die Fleischwürfel darin von allen Seiten gut anbraten. Nach und nach 1 EL Mehl, den Pfeffer, Salz und die ausgepreßte Knoblauchzehe dazugeben und dabei ständig umrühren. Das Ganze mit 2 Tassen Fleischbrühe auffüllen, die Worcestersauce, die Erdnüsse und den Tomatensaft dazugeben und unter weiterem gelegentlichen Umrühren ca. 1¼ Stunden lang dünsten. Vor dem Auftragen mit kleingehackter Petersilie überstreuen. Dazu schmeckt am besten frisches Stangenweißbrot oder körnig gekochter Reis.

Neapolitanischer Eintopf

Für 6 Personen:

1,25 kg Kalbsschulter
100 g Karotten
3 EL Olivenöl
2 EL Butter
300 g Gemüsezwiebeln
250 g Dosentomaten
1½ EL gehackter
Salbei (wenn möglich
frisch oder

1½ TL zerriebener,
getrockneter Salbei)
3 Lorbeerblätter
1 TL Salz
½ TL frisch gemahlener
Pfeffer
170 g schwarze Oliven
3 EL Kapern
2 EL Petersilie

Das Fleisch von Fett befreien, von den Knochen lösen und in mundgerechte Würfel schneiden. In einem großen Topf das Olivenöl erhitzen, dann die Butter zufügen. Fleisch unter ständigem Rühren goldbraun anbraten, dann beiseite stellen. Die Bratflüssigkeit nun bis auf 2 EL abgießen. Die Zwiebeln schälen und in dünne Scheiben schneiden, die Karotten putzen, schälen und in kleine Würfelchen schneiden. Zwiebeln und Karotten unter ständigem Rühren ca. 2 Minuten angaren. Die Tomaten aus der Dose grob zerkleinern, dann Salbei, Lorbeerblätter, Salz und Pfeffer dazufügen, das Fleisch wieder mit in die Pfanne geben und auf starker Flamme zum Kochen bringen. Danach bei mittlerer Hitze leicht bedeckt ca. 1 Stunde unter häufigem Rühren kochen, bis das Fleisch zart ist. Unter Umständen die Kochflüssigkeit noch mit heißem Wasser auffüllen. Die Oliven abtropfen, entsteinen und zusammen mit den abgetropften Kapern zum Fleisch geben. Weitere 5 Minu-

ten kochen. Vor dem Servieren Lorbeerblätter entfernen und mit gehackter Petersilie garnieren.
Dazu schmeckt am besten frisches Stangenweißbrot.

Serbische Moussaka

500 g Hackfleisch	*4 Eier*
(vom Kalb)	*Mehl*
3 Auberginen	*Öl*
750 g Tomaten	*Salz, Pfeffer*
2 Zwiebeln	*½ Tasse Milch*

Die Auberginen schälen, quer in Scheiben schneiden, salzen und ½ Stunde liegenlassen. Zwiebeln schälen und in feine Ringe schneiden, in Öl goldbraun anrösten. Hackfleisch und die enthäuteten, in Scheiben geschnittenen Tomaten dazugeben, salzen und stark pfeffern. Das Ganze gut umrühren und dünsten. Die Auberginenscheiben in 2 verquirlten Eiern wälzen, in Mehl wenden und in heißem Öl auf beiden Seiten goldgelb braten. In eine gut geölte feuerfeste Form kommt nun als erste Lage eine Schicht Auberginen, dann Hackfleisch, dann wieder Auberginen. Die letzte Lage muß aus Auberginen bestehen. 2 Eier mit etwas Milch verquirlen und das ganze Gericht damit übergießen. Bei 200 Grad im heißen Rohr ca. 20 Minuten überbacken.

Wiener Kaisergulasch

750 g Kalbfleisch
100 g Speck
3 Zwiebeln
Salz, Pfeffer
½ Zitrone
1 TL Kapern

1 Tasse heiße
Fleischbrühe
⅛ l saure Sahne
1 EL Mehl
1 Prise Zucker
2 TL Zitronensaft

Das Kalbfleisch gut waschen, trockentupfen und in Gulaschwürfel schneiden. Den Speck fein würfeln, in einem großen Topf etwas ausbraten und die feingehackten Zwiebeln dazugeben, kurz anrösten. Das Fleisch hinzufügen und unter kräftigem Rühren von allen Seiten anbraten, salzen und pfeffern. ½ Zitrone in sehr dünne Scheiben schneiden, mit den Kapern auf das Fleisch geben und den Topf zudecken. Das Ganze 5 Minuten schmoren, dann die Zitronenscheiben herausnehmen. Etwas Brühe angießen und das Fleisch 10 Minuten zugedeckt köcheln lassen.

Die saure Sahne mit Mehl verquirlen und in das Gulasch einrühren, 5 Minuten schwach köcheln lassen. Mit Salz, Pfeffer, der Prise Zucker sowie Zitronensaft abschmecken und sofort heiß servieren.

Dazu gibt es Stangenweißbrot, Reis oder Nudeln.

Kalbsrahmgulasch

750 g Kalbfleisch	¼ l Brühe
2 EL Butter	1 EL süßes Paprikapulver
2 große Zwiebeln	1 TL Mehl
¼ l süße Sahne	Salz

Eine Tonform mit Deckel wässern. Das Fleisch in Würfel schneiden. Die Butter in einer großen Pfanne erhitzen und die klein gehackten Zwiebeln darin glasig dünsten. Dann die Fleischwürfel dazugeben und einmal kurz durchrösten, aber nicht bräunen. Etwas Mehl darüberstäuben und mit der Brühe ablöschen. Den Pfanneninhalt nun in die gewässerte Tonform geben, die Sahne dazugießen und anschließend mit Paprika und Salz würzen. In den kalten Ofen schieben und das Kalbsgulasch in der geschlossenen Form bei 220 Grad ca. 1½ Stunden schmoren. Dazu gibt es Nudeln, Reis oder knuspriges Weißbrot.

Kohlrabitopf mit Kalbfleisch und Markklößchen

(Foto Seite 33)

Für 4—6 Personen:

1 Bund Suppengrün
30 g Butterschmalz
2 EL Streuwürze
1 kg Kalbsbrust
Salz
750 g Kohlrabi

Für die Markklößchen:
70 g Rindermark
2 Eier
100 g altbackenes Weiß-
brot, gerieben
½ Bund Petersilie
weißer Pfeffer aus
der Mühle
gemahlene Muskatnuß

Das Suppengrün waschen und kleinschneiden. Das Butterschmalz in einem Topf erhitzen, das Suppengrün darin von allen Seiten kräftig anbraten. Dann mit 3 l heißem Wasser auffüllen, zum Kochen bringen, die Streuwürze darin auflösen. Die Kalbsbrust hineingeben. Bei reduzierter Hitze das Fleisch im offenen Topf 1½ bis 2 Stunden garen. Die Brühe dabei ab und zu abschäumen und zum Schluß salzen.

In der Zwischenzeit die Kohlrabiknollen schälen und in Stifte schneiden. Ein paar zarte Kohlrabiblättchen beiseite legen. Dann die Markklößchen vorbereiten: Das Rindermark feinschneiden, auf milder Hitze in einer Pfanne zerlassen, durch ein Sieb in eine Schüssel gießen, etwas abkühlen lassen und dann schaumig schlagen. Nach und nach die Eier, das Weißbrot und die feingehackte Petersilie untermischen. Die Farce mit Salz, Pfeffer und Muskat abschmecken. Mit nassen Händen haselnußgroße Klößchen daraus formen und auf einem nassen Küchenbrett kühl stellen.

Nach Ende der Garzeit das Fleisch aus der Brühe nehmen und beiseite stellen. Die Brühe durch ein Sieb in einen Topf gießen und wieder zum Sieden bringen. Die Kohlrabistifte hineingeben und bei milder Hitze in etwa 10—15 Minuten garen.

Inzwischen Knochen, Knorpel und Fett von der Kalbsbrust abschneiden. Das schiere Fleisch mundgerecht würfeln und in die Suppe geben. Die Markklößchen vorsichtig in die heiße Brühe legen und darin so lange ziehen lassen, bis sie an die Oberfläche kommen. Das dauert etwa 8—10 Minuten. Die Suppe mit Pfeffer würzen. Die Kohlrabiblätter waschen, trockenschütteln und feingeschnitten auf die Suppe streuen. Dazu knuspriges Bauernbrot reichen.

Gerichte mit Lamm- oder Hammelfleisch

Bunter Lammtopf

750 g Lammfleisch	Salz
(aus der Schulter)	Pfeffer aus der
375 g grüne Bohnen	Mühle
5 Fleischtomaten	$\frac{1}{2}$ l Wasser
2 gelbe Paprikaschoten	$\frac{1}{4}$ l Weißwein
1 Zehe zerdrückten,	1 Joghurt
frischen Knoblauch	

Einen Tontopf mit Deckel wässern. Das Lammfleisch in kleinere Würfel schneiden. Bohnen in Stücke brechen oder aus der Dose nehmen. Tomaten überbrühen, die Haut abziehen und achteln. Paprikaschoten entkernen und in Streifen schneiden. Alles miteinander vermischen und in den gewässerten Tontopf füllen. Den Knoblauch darüber verteilen, mit Salz und frisch gemahlenem Pfeffer würzen. Wasser mit Wein vermischen und in die Form gießen. Den Tontopf schließen, in den kalten Backofen schieben und bei mittlerer Hitze etwa 1$\frac{1}{4}$ Stunden gar werden lassen.
Joghurt etwas schaumig schlagen und unter das bereits fertige Gericht rühren. Frisches Landbrot oder Stangenweißbrot dazu reichen.

Lammtopf Beatrice

Für 6 Personen:

1,5 kg Lammkeule ohne
Knochen
4 große Gemüse-
zwiebeln
5 EL Olivenöl
1 Knoblauchzehe
250 g Tomaten
(aus der Dose)

3 Lorbeerblätter
1 TL getrockneter Salbei
1 TL Salz
½ TL frisch gemahlener
schwarzer Pfeffer
200 g Möhren
½ kg grüne Bohnen
1 kg Kartoffeln
2 EL gehackte Petersilie

Das Lammfleisch in große Würfel schneiden. In einem sehr großen Topf das Olivenöl auf mittlerer
Flamme erhitzen, das Fleisch in 2 Portionen dazugeben und unter ständigem Rühren leicht anbräunen.
Dann das Fleisch herausnehmen. Den Bratenfond bis
auf 2 EL abgießen. Die Zwiebeln schälen, kleinhak-
ken, in den Rest Bratenfond geben und unter ständigem Rühren ca. 1 Minute anbräunen. Knoblauch
durchpressen und mit in den Topf geben. Die Tomaten kleinhacken und zusammen mit den Lorbeerblättern, dem Salbei, Salz, Pfeffer und dem Fleisch in den
Topf geben und alles unter ständigem Rühren bei hoher Temperatur zum Kochen bringen. Danach bei
sehr geringer Hitze zugedeckt ca. 1½ Stunden garen,
dabei gelegentlich umrühren.
Die Möhren gut putzen, in kleine Stücke schneiden,
daruntermischen und weitere 5 Minuten garen. Bohnen in ca. 2 cm große Stücke schneiden, ebenfalls zu
der Mischung geben und unter Rühren 15 Minuten
lang weich dünsten. Kartoffeln schälen, in Würfel

Lamm-Gemüse-Topf (Rezept S. 50) ▷

schneiden, auch in den Topf geben und weitere 10 Minuten kochen. Vor dem Servieren die Lorbeerblätter herausnehmen und das Ganze mit gehackter Petersilie bestreuen.

Ragout vom Lamm

1 kg Lammfleisch	4 Zwiebeln
(Schulter, Keule)	2 EL Mehl
½ l Rotwein	Salz, Pfeffer
5 EL Olivenöl	⅛ l süße Sahne
2 Knoblauchzehen	10 grüne Oliven

Das Lammfleisch zunächst ca. 12 Stunden lang marinieren. Dafür das Lammfleisch in Würfel schneiden und in eine Schüssel mit Rotwein legen. Nach der angegebenen Zeit das Fleisch aus dem Wein nehmen und gut abtropfen lassen.

In einem großen Topf das Öl erhitzen, die Fleischwürfel hineingeben und von allen Seiten leicht anbräunen. Die Zwiebeln grob hacken. Wenn das Fleisch angebräunt ist, die durchgepreßten Knoblauchzehen dazugeben. Mehl darüberstäuben. Salzen, pfeffern und den Wein aus der Marinade nach und nach zugießen. Das Lammfleisch sollte immer knapp mit Flüssigkeit bedeckt sein. Nun läßt man das Ganze ca. 1½ bis 2 Stunden schmoren. Am Ende des Kochvorgangs die Sahne unterrühren und die entsteinten und in kleine Scheiben geschnittenen Oliven dazugeben. Schmeckt sehr fein mit frischem Stangenweißbrot.

Lamm-Gemüse-Topf

(Foto Seite 48)

750 g mageres Lamm-
fleisch ohne Knochen
500 g Zwiebeln
1 Knoblauchzehe
250 g Möhren
3 EL Öl
1 TL Salz
½ TL weißer Pfeffer
aus der Mühle

1 Msp Oregano
1 Msp Rosmarin
¼ l Fleischbrühe
2 Tomaten
1 kleine Dose Erbsen
(280 g)
⅛ l Fleischbrühe
2 EL Paprikamark
1 EL gehackter Dill

Das Fleisch unter fließend kaltem Wasser abbrausen, mit Küchenpapier trockentupfen und in 3 cm große Würfel schneiden. Die Zwiebeln und die Knoblauchzehe schälen und feinhacken. Die Möhren schälen, waschen und in Scheiben schneiden. Das Öl in einem großen Topf erhitzen und das Fleisch rundherum ca. 5 Minuten anbraten. Zwiebeln, Knoblauch und Möhren dazugeben, mit Salz, Pfeffer, Oregano und Rosmarin würzen. Die Brühe zugießen und zugedeckt bei kleiner Flamme 45 Minuten garen. Die Tomaten kalt abbrausen und kleinschneiden. Die Erbsen durch ein Sieb abtropfen. Die Fleischbrühe mit dem Paprikamark verrühren und 10 Minuten vor Ende der Garzeit dazugießen. Die Tomaten und Erbsen ebenfalls dazugeben und noch 5 Minuten schmoren lassen. Mit gehacktem Dill bestreut servieren.
Als Beilage eignen sich Reis und Salat.

Lammtopf Graubünden

500 g Lammfleisch · Fleischbrühe
50 g Schmalz · Salz, Pfeffer
2 mittelgroße Zwiebeln · geriebener Emmentaler
750 g Kartoffeln · Käse

Das Fleisch waschen, abtrocknen und in kleine Stükke schneiden. Die Zwiebeln kleinhacken. Schmalz erhitzen und die Fleischstücke mit den Zwiebeln anbraten, etwas salzen und pfeffern. Das Ganze mit der Fleischbrühe ablöschen und halb garen.
Kartoffeln schälen, in Würfel oder Scheiben schneiden und zu dem Fleisch geben. Noch so viel Fleischbrühe zugießen, daß alles gut bedeckt ist. Bei geringer Hitze ca. 50—60 Minuten garen. Dann mit Emmentaler Käse bestreuen und servieren.

Lammeintopf mit Herbsttrompeten

(Foto Seite 49)

Für 6 Personen:

20 g Herbsttrompeten
(getrocknet)
1,3 kg Lammkeule
(etwa 800 g netto;
vom Metzger entbeinen
lassen)
1 Bund Suppengrün

40 g Butterschmalz
$\frac{1}{2}$ l Hühnerbrühe
Salz, Pfeffer
1 EL Thymian
1—2 Knoblauchzehen
500 g Wirsing
3 Scheiben Toastbrot
50 g Butter oder
Margarine

Die Pilze in einem Sieb unter fließend kaltem Wasser gründlich abbrausen, in $\frac{1}{2}$ l lauwarmem Wasser einweichen. Von der Lammkeule Fett und Sehnen entfernen, das Fleisch in Würfel schneiden. Das Suppengrün waschen und kleinschneiden. Das Butterschmalz in einem Topf sehr heiß werden lassen, das Fleisch darin portionsweise rundum braun anbraten. Das Suppengrün zugeben, leicht andünsten. Die Pilze mit Einweichwasser zugeben, die Brühe zugießen. Den Eintopf mit Salz, Pfeffer und Thymian würzen, den Knoblauch pellen und dazu pressen. Zugedeckt 1$\frac{1}{2}$ Stunden garen. Den Wirsing halbieren, den Strunk ausschneiden, den Wirsing in Streifen schneiden und nach 1 Stunde Garzeit zum Eintopf geben. Das Toastbrot entrinden, in Würfel schneiden und in der Butter oder Margarine goldbraun rösten. Den Eintopf evtl. mit Salz und Pfeffer nachwürzen. Vor dem Servieren die Brotwürfel daraufstreuen (oder extra dazu reichen).

Hammelpilaw

Für 2—3 Personen:

300 g Hammelfleisch
2 Zwiebeln
3 kleine Tomaten

½ l Fleischbrühe
200 g Reis
40 g Butter
1 TL Salz
schwarzer Pfeffer

Das Fleisch vorbereiten und in Würfel schneiden. Die Zwiebeln schälen, fein hacken und zusammen mit dem Fleisch in heißer Butter anrösten. Salzen, pfeffern. Die Tomaten überbrühen, schälen und in Würfel schneiden, zum Fleisch geben und einige Zeit mitdünsten. Die Fleischbrühe dazugießen und das Fleisch bei mittlerer Hitze ca. 60 Minuten garen. Dann den Reis hinzufügen und die ganze Mischung bei sehr geringer Hitze 30 Minuten ziehen lassen. Nicht mehr umrühren.

Hammelpilaw im Tontopf

750 g Hammelfleisch   1 l Wasser
375 g Tomaten   1 EL Salz
350 g Reis   2 Knoblauchzehen
5 EL Öl   etwas Pfeffer
3 mittelgroße Zwiebeln

Einen Tontopf mit Deckel 15 Minuten wässern. Das Hammelfleisch von Fett und Haut befreien und in kleine Würfel schneiden, danach in die gewässerte Tonform legen. Etwas Öl in einer Pfanne erhitzen und die Zwiebeln darin anrösten. Danach die Zwiebeln gleichmäßig verteilt auf das Fleisch legen. Die Tomaten überbrühen und enthäuten, in Viertel schneiden und als nächste Schicht in den Tontopf legen. Darüber den gewaschenen, abgetropften Reis schütten.
In 1 l Wasser Salz, Pfeffer und den Saft der ausgedrückten Knoblauchzehen verrühren und anschließend in die Form gießen. Den Topf schließen, in den kalten Ofen schieben und 1½ Stunden bei 220 Grad garen.

Hammeleintopf

1 kg Hammelfleisch mit Knochen	1 TL schwarze Pfeffer- körner
500 g Kartoffeln	1 TL Salz
4 große Möhren	½ l Wasser
500 g Weißkohl	1 EL Mehl

Fleisch und Knochen waschen und das Fleisch in würfelförmige Stücke schneiden. Kartoffeln und Möhren schälen und würfeln. Den Kohl putzen und schneiden, die dicken Strünke vorher entfernen. Nun legt man zuerst die Hälfte des Fleisches in einen Topf und bestäubt es mit dem Mehl. Den Rest des Fleisches mischt man mit Gemüse, Salz und Pfeffer und schichtet es auf das bemehlte Fleisch. Zum Schluß das Ganze mit Wasser übergießen, so daß der Eintopf knapp bedeckt ist. Zudecken und bei mäßiger Hitze ca. 3 Stunden kochen. Wie alle Hammelgerichte sehr heiß servieren; vorher einmal gut durchrühren.

Irish Stew

500 g Hammelfleisch   1 Zwiebel
500 g Weißkohl   Salz, Pfeffer
500 g Möhren   1 TL Kümmel
500 g Kartoffeln $\frac{1}{4}$ l Wasser
2 EL Butter

Einen Tontopf mit Deckel 15 Minuten wässern. Das
Fleisch in kleine Würfel schneiden und in die gewässerte Form legen. Den Weißkohl überbrühen, dann
hobeln. Vorher den Strunk herausschneiden. Die
Möhren putzen und in Scheiben, geschälte Kartoffeln
in Würfel schneiden.
Das im Tontopf liegende Fleisch mit Salz und Pfeffer
würzen, den Kohl daraufschichten und alles mit Salz,
Pfeffer und Kümmel bestreuen. Danach eine Schicht
Möhren darauflegen, etwas mit Salz und Pfeffer würzen und anschließend die Schicht Kartoffeln dazugeben.
Butter in der Pfanne zerlassen und darin die würfelig
geschnittene Zwiebel glasig anbraten. Über die Kar-
toffelschicht im Tontopf verteilen. Zum Schluß das
Wasser zugießen und die Form schließen. In den kalten Ofen schieben und das Irish Stew bei 250 Grad
$1\frac{1}{2}$ Stunden garen.

Schottischer Hammeltopf

750 g mageres Hammel-
fleisch
2 Hammelnieren
500 g Kartoffeln

2 Knoblauchzehen
½ TL Thymian
Salz
½ l Wasser

Eine Tonform mit Deckel wässern. Das Fleisch in
Würfel, die gewässerten Nieren in Scheiben schneiden. Die Kartoffeln schälen und auch in Scheiben
schneiden. Das Fleisch und die Kartoffeln gut miteinander vermengen und in die gewässerte Tonform füllen. Darüber die Knoblauchzehen mit der Presse ausdrücken und mit Thymian und Salz würzen. Wasser
dazugießen, dann die Form schließen, in den kalten
Ofen schieben und bei 220 Grad ca. 1½ Stunden garen. Sofort im heißen Tontopf servieren.

Weißkraut Bosna

500 g Hammelfleisch
1 kg Weißkraut
200 g Tomaten
100 g Fett
2 Knoblauchzehen

1 Zwiebel
etwas Mehl
Paprika
Salz, Pfeffer

Das Fleisch in Würfel, die geschälten Zwiebeln in feine Ringe schneiden. Zusammen in 50 g Fett leicht andünsten. Das Kraut kleinschneiden oder hobeln und als erste Lage in einen großen Topf legen. Die Tomaten in Scheiben schneiden, salzen, pfeffern und die Knoblauchzehen auf den einzelnen Scheiben auspressen. Auf die erste Lage im Topf kommt nun das Fleisch, dann die vorbereiteten Tomatenscheiben. Alles vorsichtig salzen und mit so viel Wasser aufgießen, daß die Masse gerade bedeckt ist. Bei geringer Temperatur ca. ½ Stunde gar kochen.
Mehl in dem restlichen Fett anschwitzen, mit Paprika würzen und den abgegossenen Sud damit andicken. Die Masse im Topf soll nicht umgerührt, sondern höchstens der Topf etwas geschüttelt werden. Frisches Landbrot dazu reichen.

Borschtsch-Eintopf

750 g mageres Hammel-
fleisch
2 Zwiebeln
2 EL Schweineschmalz
250 g Pfifferlinge
½ TL Kümmel
Salz
6 Wacholderbeeren

1 Lorbeerblatt
1 kg Weißkraut
200 g rote Bete (Glas
oder Dose)
2 Möhren
2 Stangen Lauch
⅛ l Crème fraîche

Das Fleisch gut waschen und in große Würfel schneiden. Die Zwiebeln schälen und kleinhacken. Beides
zusammen in Schmalz anbraten. Die Pfifferlinge waschen und in kleine Scheiben schneiden, zum Fleisch
geben und ca. ½ l Wasser dazugießen. Mit Kümmel
und Salz würzen. Die Wacholderbeeren, Pfefferkörner und das Lorbeerblatt dazugeben. Das Ganze nun
zugedeckt etwa 30 Minuten schmoren. Das Weißkraut putzen und hobeln, die roten Bete abtropfen
lassen. Möhren und Lauch putzen und in kleine
Scheiben schneiden. Von der Flüssigkeit der roten
Bete 6 EL in den Topf geben und alles noch 40 Minuten bei milder Hitze schmoren. In eine vorgewärmte
Schüssel füllen und die Crème fraîche als dicken
Klacks in die Mitte geben. Frisches Landbrot dazu
servieren.

Hammelrisotto

500 g Hammelfleisch   250 g Rundkornreis
3 EL Olivenöl   2 grüne Paprikaschoten
1 Zwiebel   Curry
Salz

Das Hammelfleisch in Würfel schneiden und in Öl rundherum anbraten. Die Zwiebelwürfel dazugeben und mitrösten. Das Fleisch salzen und etwa ¾ l kochendes Wasser dazugießen. Nun das Ganze 1 Stunde köcheln lassen. Die Paprikaschoten putzen, entkernen und in Streifen schneiden. Den gewaschenen Reis zum Fleisch geben und mit Curry würzen. Die Paprikastreifen untermischen. Nun das Gericht noch ca. 20 Minuten bei schwacher Hitze garen.

Gemischte Fleischgerichte

Sauerkrauttopf

1 kg Sauerkraut	Zucker
250 g gemischtes Hack-	Wacholder
fleisch	1 Lorbeerblatt
100 g Speck	500 g Äpfel
2 Zwiebeln	1 Ei
30 g Schmalz	Pfeffer
¼ l Apfelsaft	Paprika
Salz	2 EL Öl

Den Speck und die Zwiebeln würfeln und in Schmalz ausbraten. Darin das Sauerkraut andünsten, den Apfelsaft zugießen und das Ganze mit Salz, Zucker, den Wacholderbeeren und dem Lorbeerblatt würzen. Nun im geschlossenen Topf 20 Minuten garen. Äpfel entkernen, zu Achteln schneiden und weitere 20 Minuten mitdünsten. Das Hackfleisch mit Ei, Salz, Pfeffer und Paprika mischen und zu Klößchen formen. In Öl von allen Seiten braun anbraten und während der letzten 5 Minuten auf das Sauerkraut geben.
Frisches Landbrot dazu essen oder nach Belieben mit Pellkartoffeln reichen.

Gemüse-Fleisch-Topf

Für 6 Personen:

2 l Rinderbrühe
4 Möhren
1 Kopf frisches Weiß-
kraut
1 Stange Porree
1 Knolle Sellerie
2 Hühnerbrüste
175 g frisches
2 Hühnerkeulen
Rindermark
3 Weißbrotscheiben
100 g geriebener
800 g mageres Rind-
Emmentaler Käse
fleisch
40 g Butter

Den Weißkohl säubern und ca. 5 Minuten blanchieren, herausnehmen, das Wasser aber weiterkochen lassen. Den Strunk des Kohls entfernen, den Kohl in Viertel schneiden und im Salzwasser weiterkochen, bis er bißfest ist. Abgießen.

Die Hühnerstücke im Backofen 15 Minuten bei 200 Grad anbraten. In einer Pfanne die Butter erhitzen, die vorher gewürfelten Weißbrotscheiben dazugeben und zu Croutons bräunen. Das Fleisch in Würfel schneiden und in einen großen Topf geben. Die angebratenen Hühnerteile hinzufügen, die Brühe und ½ l kaltes Wasser dazugießen, alles langsam zum Kochen bringen und den aufsteigenden Schaum abschöpfen.

Die Möhren in kleine Scheibchen, den Porree in Ringe und den Sellerie in Würfel schneiden, in die Brühe geben. Alles soll nun ca. 3 Stunden leise köcheln.

Die abgetropften Kohlblätter zu kleinen Bällchen drehen. Das Rindermark in gesalzenem Wasser in einem Topf gar ziehen lassen. In kleine Würfel schneiden und jeweils mit einem Schuß Brühe in Extraschälchen reichen. Das Ganze abschmecken und in einer vorgewärmten Schüssel servieren. Nach Belieben mit Käse bestreuen und frisches Land- oder Weißbrot dazu reichen.

Fleisch-Kartoffel-Topf

Für 6 Personen:	750 g Kartoffeln
	2 Knoblauchzehen
350 g Rindfleisch	Petersilie
350 g Hammelfleisch	1 Lorbeerblatt
350 g Schweinefleisch	1 TL Thymian
200 g Zwiebeln	Salz, schwarzer
½ l Weißwein	Pfeffer

Alle drei Fleischsorten gut waschen, trockentupfen und in Würfel schneiden. Die Zwiebeln schälen und kleinhacken. Eine Marinade aus Wein, Zwiebeln, Knoblauch und den Kräutern in einem Topf anrühren und das Fleisch 5 Stunden lang marinieren, dabei gelegentlich umrühren.
Die Kartoffeln schälen und in dünne Scheiben schneiden.
Eine feuerfeste Form fetten und schichtweise abwechselnd Kartoffeln und Fleisch mit Zwiebeln hineingeben. Jede Lage mit Salz und Pfeffer würzen. Die Marinade durch ein feines Sieb in die Form gießen. Mit Deckel schließen und im Backofen bei 220 Grad ca. 2—3 Stunden garen.

Pichelsteiner im Tontopf

Für 5 Personen:

5 Scheiben durchwach-
senen Räucherspeck
250 g Möhren
375 g grüne Bohnen
250 g Schweinefleisch

250 g Hammelfleisch
150 g Kalbfleisch
2 Stangen Lauch
1 Knolle Sellerie
500 g Kartoffeln
Salz, Pfeffer
frische Petersilie

Die zuvor 15 Minuten gewässerte Tonform mit Speck-
streifen auslegen. Darauf die geputzten und in Scheiben geschnittenen Möhren schichten und etwas mit
Salz und Pfeffer bestreuen. Bohnen von eventuellen
Fäden befreien, in 3—4 cm lange Stücke brechen
und die Möhren damit bedecken. Das Fleisch in kleine Würfel schneiden. Leicht salzen, vermischen und
danach als dritte Schicht in den Tontopf geben. Den
Lauch vom harten Grün befreien, gut waschen, in
kleine Ringe schneiden und auf das Fleisch legen. Als
nächste Schicht folgt Sellerie, der gebürstet, geschält
und in Stifte geschnitten wurde. Die oberste Lage bil-
den Kartoffeln, die geschält und in Würfel geschnitten
wurden. So viel Wasser zugießen, daß die Schichten
knapp bedeckt sind. Die Tonform schließen, in den
kalten Ofen stellen und 1½ Stunden bei 220 Grad garen. Mit gehackter Petersilie bestreut servieren.

Pfeffertopf aus Finnland (Rezept S. 66) ▷

Pot-au-feu

(Foto Seite 96)

Für 6—8 Personen:

750 g Kalbsbrust
500 g Kluftschale
2 Hähnchenbrüste
(500 g)
250 g Porree
375 g Möhren
250 g Sellerie
375 g grüne Bohnen

50 g Margarine
3 Knoblauchzehen
500 g Tomaten
150 g Erbsen
(tiefgefroren)
Basilikum
Salz
8 EL Weißwein
geriebene Zitronenschale
frisch gemahlener Pfeffer

Kalbsbrust und Kluftschale in etwa 3,5 l kochendem Salzwasser etwa 2 Stunden im offenen Topf leise kochen lassen, dann die Hähnchenbrüste dazugeben und weitere 30 Minuten kochen. Inzwischen das Gemüse putzen und zerkleinern. Alles in Margarine andünsten, den durchgepreßten Knoblauch gut mit durchrühren, das Fleisch aus der Brühe nehmen, evtl. auf 3 l auffüllen. Brühe über das Gemüse geben und etwa 20 Minuten leise kochen lassen. Tomaten brühen, abziehen, halbieren, das Innere herausdrücken, mit den Erbsen etwa 5 Minuten in der Brühe ziehen lassen. Mit den angegebenen Zutaten herzhaft abschmecken. Zuletzt das in Würfel geschnittene Fleisch zugeben.

◁ *Kaninchen mit Linsen und Pilzen* (Rezept S. 75)

Pfeffertopf aus Finnland

(Foto Seite 64)

Für 4—6 Personen:
500 g Schweinenacken
(ca. 375 g netto)
500 g Lammschulter
(ca. 375 g netto)
500 g Kalbsschulter
(ca. 375 g netto)
100 g fetter Speck
375 g Rindsgulasch
250 g kleine Zwiebeln

500 g kleine Kartoffeln
Salz
250 g Möhren
100 g Sellerie
2 dünne Stangen Porree
(200 g)
250 g frische Pfifferlinge
1 Bund glatte Petersilie
¼ l süße Sahne
Pfeffer aus der Mühle

Das Fleisch vom Schweinenacken, von der Lamm-
und Kalbsschulter von den Knochen lösen und würfeln. Den Speck in ganz feine Würfel schneiden und
in einem flachen großen Schmortopf ausbraten, dann
das Speckfett rauchend heiß werden lassen. Alle
Fleischwürfel (auch das Rindsgulasch) portionsweise
von allen Seiten scharf anbraten, dabei das bereits
angebratene Fleisch aus den Topf nehmen und erst
zum Schluß wieder hineingeben. Danach die Zwiebeln pellen und der Länge nach in Viertel schneiden,
zum angebratenen Fleisch geben und mitbraten, die
Hitze reduzieren.

Die Kartoffeln schälen, waschen und in Scheiben
schneiden, tropfnaß in den Bräter geben und unterheben. Den Topfinhalt salzen und bei geringer Hitze
leise schmoren lassen. Möhren und Sellerie putzen
und kleinschneiden, in den Topf geben und unterheben.

Den Backofen auf 200 Grad (Gas: Stufe 3) vorheizen.

Den Porree sorgfältig waschen und in dünne Ringe schneiden. Die Pfifferlinge putzen und unter fließendem Wasser kurz abspülen. Die Petersilie grob hakken. Porree, Pilze und Petersilie über die Fleisch-Gemüse-Mischung streuen und leicht untermischen. Die Sahne darübergießen und die Oberfläche mit Pfeffer bestreuen. Den Bräter zudecken und auf die mittlere Einschubleiste im Backofen stellen. Den Eintopf im Ofen 75 Minuten garen, dann herausnehmen. Den Inhalt leicht mischen und noch einmal abschmekken.

Dazu paßt Bier oder leichter Rotwein.

Szegediner Gulasch

350 g Schweinefleisch	*1 TL Dill*
350 g Kalbfleisch	*Salz*
80 g Schweineschmalz	*⅛ l saure Sahne*
3 Zwiebeln	*500 g gekochtes*
1 Knoblauchzehe	*Sauerkraut*
1 EL Paprika süß	

Die Zwiebeln fein schneiden und zusammen mit der Knoblauchzehe in Schmalz anrösten, das in Würfel geschnittene Fleisch dazugeben und kräftig anbraten. Mit Paprika, Dill und Salz würzen, gut durchrühren und wenig kochendes Wasser angießen.

Den Topf zudecken und bei schwacher Hitze garen, dann die Sahne einrühren und das gut abgetropfte Sauerkraut untermischen. Das Ganze nochmals aufkochen und sehr heiß servieren. Salzkartoffeln oder frisches Landbrot dazu reichen.

Ungarischer Hackfleischtopf

3 rote Paprikaschoten
1 Zwiebel
1 alte Semmel
250 g gemischtes Hack-
fleisch
1 Ei
1 TL Paprika,
edelsüß

1 Msp Rosenpaprika,
scharf
1 TL Salz
250 g Zwiebeln
3 EL Öl
8 Cocktailwürstchen
1 Miniflasche Chilisauce
$\frac{1}{8}$ l Rotwein
Salz

Die Paprikaschoten aufschneiden, entkernen, die Zwischenwände entfernen und vierteln. Die Semmel in kaltem Wasser einweichen und gründlich ausdrükken. Eine Zwiebel schälen und sehr klein hacken. Das Hackfleisch, die gehackte Zwiebel und die aufgeweichte Semmel mit Paprika und Salz würzen und zu einem geschmeidigen Teig vermischen. Ungefähr 5—6 cm lange Würstchen formen. Für einige Minuten in das Tiefkühlfach zum Durchkühlen stellen.

Dann die übrigen Zwiebeln schälen und in Ringe schneiden. In einem großen Topf das Öl heiß werden lassen und die Hackfleischwürstchen darin anbraten, die Zwiebelringe, die Paprikaviertel und die Cocktailwürstchen hinzufügen und mitbraten. Das Ganze nun mit Chilisauce und Rotwein ablöschen, mit Salz abschmecken und noch einmal kurz durchschmoren.

Wem das Gericht mit der Chilisauce zu scharf wird, kann statt dessen auch Ketchup nehmen!

Brasilianisches »Pichelsteiner«

Für 6 Personen:

1 kg Rindfleisch
(davon 500 g Hochrippe,
500 g Keule)
1 Kalbsfuß
500 g Markknochen
150 g geräucherter
Speck
2 Knoblauchwürste

500 g Kartoffeln
300 g Reis
2 grüne Paprikaschoten
2 rote Paprikaschoten
250 g Möhren
250 g Erbsen
250 g Auberginen
Salz, Pfeffer
Koriander

Das Hochrippenfleisch, den Kalbsfuß und die Markknochen in reichlich kaltem Wasser aufsetzen. Das
Keulenfleisch in das bereits kochende Wasser legen
und alles sanft köcheln lassen. Sobald es gar ist, herausnehmen und beiseite stellen.
Die Paprikaschoten entkernen und in Streifen, die geputzten Möhren in kleine Scheiben, die Auberginen
auch in Scheiben schneiden. Die Kartoffeln schälen
und vierteln. Das Gemüse, die Kartoffeln und den
Reis in die Brühe geben und gar kochen. Nach ca.
30—40 Minuten den Speck und die zerkleinerten
Knoblauchwürste dazugeben. Nach Beendigung des
Kochvorgangs den Knochen herausnehmen und die
Brühe in eine Suppenschüssel gießen. Das in Scheiben geschnittene Fleisch mit dem Speck, den Wür-
sten und zusammen mit dem Gemüse in einer großen Schüssel anrichten und getrennt von der Brühe
servieren.

Bäckerofen

»Baeckeoffe«

Dieser traditionsreiche Eintopf kommt aus Straßburg, und er trägt diesen Namen, weil elsässische Hausfrauen ihn beim Bäcker in dessen Ofen backen ließen, wenn die Brote fertig und herausgenommen waren. Am liebsten taten sie dies am Waschtag, wenn sie ohnehin alle Hände voll zu tun hatten.

Für 6 Personen:
400 g Hammelschulter
oder Rindfleisch
400 g Schweineschulter
Schweineschmalz
4 mittlere Zwiebeln
12 mittlere Kartoffeln
Salz
Pfeffer aus der Mühle
frische Petersilie

2 Zehen Knoblauch
50 g Butter
gut ¼ l Elsässer Wein

nach Wunsch:
250 g dunkler Brotteig
vom Bäcker oder
aus einer fertigen
Brotteigmischung

Das Fleisch in gröbere Würfel schneiden, die Zwiebeln grob hacken. Eine irdene Form (mit Deckel verschließbar) gut mit Schmalz ausfetten. Die Kartoffeln schälen und in Scheiben schneiden. Nun eine Lage Zwiebeln in die Form geben, darauf eine Lage Kartoffelscheiben packen, mit Pfeffer und Salz würzen, eine Lage Fleisch, eine Lage Zwiebeln und wieder Kartoffeln folgen lassen. Jeweils gut salzen und pfeffern, den zerhackten, mit Salz zerdrückten Knoblauch sowie die gewiegte Petersilie mit einstreuen. Die oberste Schicht soll aus Kartoffeln bestehen. Nun den Wein angießen, Butterflöckchen aufsetzen und die

Form ringsherum mit Brotteig und dem Deckel hermetisch verschließen. So wird es jedenfalls im Originalrezept verlangt. Sie können aber auch eine Auflaufform nehmen und das Gericht offen oder mit Alufolie bedeckt backen. In den leicht vorgeheizten Ofen schieben und ca. 2½ Stunden bei 175 Grad garen. Der Bäckerofen läßt sich auch gut aufwärmen und schmeckt dann noch besser.

Bohneneintopf mit Lamm

400 g Lammfleisch
250 g Schweinehals
500 g grüne Bohnen
750 g Kartoffeln
1 Zwiebel
50 g Fett

½ l Fleischbrühe
Salz, Paprika, Pfeffer
Tabascosauce
½ Tasse saure Sahne
Petersilie

Das Lammfleisch und das Schweinefleisch in gulaschtypische Stücke schneiden. Zwiebel schälen und fein wiegen. Die Bohnen kleinschneiden. Kartoffeln schälen und kleinwürfeln.
Fett erhitzen, das Fleisch und die Bohnen dazugeben, die Fleischbrühe zugießen und alles bei geringer Hitze ca. 30 Minuten dünsten. Nun die Kartoffelstücke daruntermischen und auf kleiner Flamme so lange kochen, bis sie gar sind. Den Eintopf würzig abschmecken, nach Belieben mit etwas Tabascosauce würzen, die Sahne darüber verteilen, Petersilie darüberstreuen und im Topf auftragen.

Zürcher Ratsherrentopf

1 kg Kartoffeln
125 g Erbsen (aus der
Dose oder tiefgekühlt)
250 g Champignons
200 g Schweinenieren
2 dünne Scheiben
Kalbsfilet

2 Scheiben Kalbs- oder
Rinderleber
Öl oder Butter
Salz, Pfeffer
kleingehackte
Petersilie

Die Kartoffeln in kleine Würfel schneiden und in reichlich Salzwasser zum Sieden bringen. Danach die abgetropften Kartoffelstückchen in heißem Öl in einer Pfanne weich braten, etwas salzen. Während dieser Zeit die Erbsen in etwas Butter dämpfen. Die Champignons in Scheiben schneiden, zu den Erbsen geben und einige Minuten bei mittlerer Hitze weich dämpfen. Unter Umständen noch etwas Butter dazugeben.

Die Schweinenierchen sorgfältig aufschneiden, das Fett entfernen und die Nieren in dünne Scheiben schneiden. Kalbsfiletscheiben in heißem Öl nicht ganz fertig braten, die gewaschene Leber auch in Scheibchen schneiden und zusammen mit den Nierchen zu dem Kalbsfilet geben. Es ist ein äußerst komplizierter Vorgang, die drei Fleischarten nicht zu hart werden zu lassen!

In einer Schüssel nun zuerst die Erbsen mit den Champignons, dann die Kartoffeln anrichten und darauf die Fleischstücke geben. Etwas Petersilie als Dekoration dazwischenstreuen.

Bollito misto

Dieser ländliche Eintopf bedeutet »Gemischtes Ge-kochtes« und stammt aus dem Piemont, und zwar aus einer Zeit, als man noch über offenem Feuer kochte. Es lohnt nicht, ihn für weniger als 8 hungrige Mäuler zu kochen und eignet sich wunderbar für ei-ne größere Gästeschar. Deshalb finden Sie hier die Angaben für

16—20 Personen:

1 kleine Ochsenzunge,
leicht gepökelt
1 kg Rinderbraten
ohne Knochen
500 g Kalbsbraten
2 große Zwiebeln
8 Karotten
8 kleine Stangen Lauch
5 Stangen Sellerie

10 Pfefferkörner
2 Lorbeerblätter
1 Huhn oder
1 Poularde von
ca. 1,2 kg
1 italienische Schweins-
wurst (Contechino)
frische Petersilie
Salsa verde (grüne
Sauce, s. unten)

Die Zunge mit kaltem Wasser bedeckt in einem gro-ßen Topf zum Kochen bringen, das Wasser abgießen. Erneut mit frischem Wasser bedecken, zum Kochen bringen und 1 Stunde sanft sieden. Immer wieder ab-schäumen. In der Zwischenzeit die Zwiebeln schälen und in größere Stücke schneiden, die Karotten schrappen und halbieren oder vierteln, den Sellerie putzen und in dicke Scheiben, den gewaschenen Lauch in Streifen schneiden. Das gerollte Rindfleisch, den ebenfalls gerollten Kalbsbraten, Zwiebeln, Ka-rotten, Sellerie, Salz, Pfefferkörner und Lorbeerblätter zufügen und soviel Wasser nachgießen, daß alles gerade bedeckt ist. Aufkochen, abschäumen und weitere 1½ Stunden leise köcheln lassen. Die Wurst mit einer Gabel anstechen, damit sie nicht platzt und zusammen mit dem unzerteilten Huhn in den Topf geben. Zudecken und eine weitere Stunde, bzw. so lange garen, bis alle Fleischstücke weich sind. Vor dem Servieren das Fleisch aus dem Topf nehmen, zerteilen und auf einer großen Platte anrichten. Ein wenig von der Brühe darübergießen, um es feucht zu halten. Mit dem Suppengemüse anrichten und mit frischer Petersilie garnieren. Traditionell gibt es dazu noch extra gekochte weiße Bohnen, Kohl, Kartoffeln und vor allem die obligatorische grüne Sauce.

Sie können übrigens statt des Huhns auch einen Kapaun oder gar einen kleinen Truthahn bzw. Schweinsfüßchen nach Belieben mitgaren.

Salsa verde
Grüne Sauce

Saft einer kleinen	Senf
Zitrone	1 Knoblauchzehe
3 Eigelb	Salz
1 Prise Salz	6 EL feingewiegte
4 EL Olivenöl	Kräuter:
3 EL eingeweichtes,	Petersilie, Kerbel,
ausgedrücktes Weißbrot	Estragon, Salbei,
1 Prise Zucker	Schnittlauch, Rosmarin

Zitronensaft, Eigelb und Salz verrühren. Nach und nach das Öl unterrühren, bis die Sauce dick wird.

Das geht sehr gut mit einem elektrischen Handrühr-
gerät. Das Weißbrot dazugeben und dick-schaumig
rühren. Mit Senf, Zucker, der mit Salz zerdrückten
Knoblauchzehe und den Kräutern abschmecken.

Kaninchen mit Linsen und Pilzen

(Foto Seite 65)

Für 4—6 Personen:

1 Kaninchenrücken
(ca. 600 g)
4 Kaninchenkeulen
(ca. 1 kg)
Salz
Pfeffer aus der Mühle
200 g durchwachsener
Speck
40 g Butter

1 Bund Thymian
(oder 2 TL getrockneter)
4 cl Calvados
(oder Cognac)
250 g Linsen
1 l Brühe
500 g Champignons
250 g Pfifferlinge
2 Knoblauchzehen
1 EL Sherryessig
⅛ l trockener Rotwein

Den Kaninchenrücken in vier Teile schneiden. Rücken-
seite und Keulen waschen und trockentupfen, mit Salz
und Pfeffer einreiben. Den Speck in Scheiben schneiden, in 30 g Butter oder Margarine langsam von beiden Seiten bräunen und ausbraten lassen. Die Speckscheiben aus dem Fett heben und beiseite stellen.
Das Fleisch im heißen Fett portionsweise rundum
goldbraun anbraten, mit der Hälfte des Thymians bestreuen. Mit dem Calvados löschen, die Linsen zuge-

ben und kurz unter Rühren andünsten. Die heiße Brühe zugießen. Im geschlossenen Topf zum Kochen bringen und bei milder Hitze 1 Stunde garen, dabei gelegentlich umrühren. Inzwischen die Pilze putzen, kurz abbrausen und gut abtropfen lassen. Größere Pilze halbieren oder vierteln. In der restlichen Butter rundum anbraten. Die Knoblauchzehen pellen und darüberpressen. Mit Salz und Pfeffer würzen, mit Sherryessig und Rotwein löschen. Pilze und Speckscheiben in den letzten 15 Minuten im Eintopf mitgaren. Dann im offenen Topf bei starker Hitze 3 bis 5 Minuten einkochen lassen. Mit Salz und Pfeffer abschmecken und den restlichen Thymian darüber streuen. Heiß servieren. Dazu paßt Baguette.

Tip: Wer keinen Sherryessig hat, kann statt dessen Weißweinessig und einen Spritzer Sherry nehmen.

Cassoulet

Castelnaudary, Toulouse und Carcassonne streiten sich darum, Ursprungsort dieses fürwahr köstlichen Gerichts zu sein. In Wirklichkeit sollen es Köche der Medici nach Frankreich importiert haben — aber wie dem auch sei, es lohnt sich, vor allem im Herbst oder Winter, diesen herzhaften Eintopf zu bereiten, der sich besonders gut als Gästeessen eignet. Allerdings empfiehlt es sich, um unangenehmen Nachwirkungen vorzubeugen, nicht nur hinterher, sondern schon vorab einen Schnaps zu trinken.

Für 6 Personen:

750 g weiße Bohnen
3 große Zwiebeln
2 Lorbeerblätter
4 Gewürznelken
2 Gänsekeulen oder
1 Gänsebrust (TK)
375 g gepökeltes
Schweinefleisch

6—7 EL Gänseschmalz
1 Bund Suppengrün
300 g Knoblauchwurst
1½ Gläser Rotwein
3 EL Tomatenmark
Cayennepfeffer
3 Knoblauchzehen
1 Bund Petersilie
3 EL Semmelbrösel

Die Bohnen am Vorabend in 1½ l Wasser einweichen. Am nächsten Tag im Einweichwasser zusetzen und mit den geschälten, gewürfelten Zwiebeln, Salz, Pfeffer, Lorbeerblättern und Gewürznelken 1 Stunde kochen. Die aufgetauten Gänsekeulen entbeinen, Gänse- und Schweinefleisch würfeln. In 3 EL heißem Gänseschmalz anbraten. Das gewaschene Suppengrün kleinschneiden. Mit der in Scheiben geschnittenen Wurst zum Fleisch geben. Den Rotwein angießen und das Ganze 40 Minuten schmoren. Den Knoblauch schälen, hacken, mit Salz zerdrücken und mit Cayennepfeffer, Tomatenmark und der gehackten Petersilie zufügen. Alles durchschmoren, dann mit den gekochten Bohnen vermischen. Einen gußeisernen Bräter oder eine große feuerfeste Form mit etwas Gänseschmalz fetten, das Cassoulet hineinfüllen, mit Semmelbröseln bestreuen, die restlichen 3 EL Gänseschmalz darüber verteilen und im vorgeheizten Ofen bei 200 Grad ca. 60 Minuten garen. Ein kräftiger Rotwein und Stangenweißbrot gehören unbedingt zu diesem Mahl.

Paella

500 g Reis	250 g Hühnerfleisch
1/8 l Olivenöl	250 g Fischfilet
1 Msp Safran	1 gekochte Artischocke
Salz, Pfeffer	125 g Erbsen
1 Zwiebel	5—6 Miesmuscheln
1 grüne Paprikaschote	4 Hummerkrabben
1 rote Paprikaschote	(Scampi)
3 Tomaten	125 g magerer Speck
250 g Schweinefleisch	1 Glas Weißwein

Öl im Topf heiß werden lassen und den trockenen Reis darin glasig dünsten. Safran mit $1\frac{1}{4}$ l heißem Wasser aufkochen, Reis damit ablöschen und fertig garen. Das Ganze salzen und pfeffern. Zwiebel- und Paprikawürfel sowie die geviertelten Tomaten in Öl dünsten und in den Reistopf geben. Schweine- und Hühnerfleisch würfeln, in Öl braun anbraten und den Reis zufügen. Das Fischfilet in Würfel schneiden, salzen und auf dem Reis gar ziehen lassen. Von der gekochten Artischocke die Blätter entfernen, den Artischockenboden kleinschneiden und unter den Reis mischen. Gekochte Erbsen zugeben. Die Muscheln gut abschrubben, in wenig Wasser kurz kochen, bis sich die Schalen öffnen. Dann Muscheln und die Hummerkrabben mit den Schalen in den Reis geben. Zum Schluß noch gebratene Speckscheiben dem Reistopf zufügen, das Ganze gut durchmischen, Wein darübergießen, würzen und vor dem Servieren noch einmal kräftig erhitzen.

Wildgerichte

Hirschragout

750 g Hirschfleisch	Salz
100 g Speck	½ l Wasser
3 große Zwiebeln	1 EL Mehl
1 Lorbeerblatt	3 EL Rotwein
Pfefferkörner	1 EL Preiselbeeren
Basilikum	Paprika

Das Hirschfleisch in kleine Würfel schneiden. Den Speck auch würfeln und im Topf ausbraten. Zwiebeln schälen, in Ringe schneiden und mitdünsten. Dann das Fleisch dazugeben und mit Lorbeerblatt, Pfefferkörnern und Basilikum mischen und anbraten. Das Ganze mit kochendem Wasser auffüllen und dann ca. 1½ bis 2 Stunden bei geringer Hitze garen. Mehl mit kaltem Wasser verrühren, das Ragout damit binden, nochmals 10 Minuten bei mittlerer Temperatur durchkochen und dann mit Rotwein, Preiselbeeren und Paprika abschmecken.
Dazu passen Kartoffelknödel oder Nudeln.

Hasenpfeffer

750 g Hasenklein
50 g Frühstücksspeck
2 Zwiebeln
2 l Fleischbrühe
¼ l Rotwein
Salz
1 Lorbeerblatt

3 Pfefferkörner
2 Nelken
50 g Rosinen
2 TL Stärke
⅛ l süße Sahne
Pfeffer
Zucker

Das Hasenklein waschen und in Stücke schneiden. Den Speck in kleine Würfel schneiden, Zwiebeln schälen und auch würfeln. Speck und Zwiebeln anbraten, das Fleisch dazugeben und von allen Seiten bräunen. Den Wein und die Brühe angießen und mit Salz, Lorbeer, Pfefferkörnern und Nelken würzen.
Das Ganze 60—80 Minuten bei mittlerer Hitze im geschlossenen Topf schmoren. In den letzten 10 Minuten werden die Rosinen mitgegart. Die Sauce binden, indem Stärkepuder mit Sahne verrührt und in den Topf gegeben wird. Zum Schluß mit Salz, frisch gemahlenem Pfeffer und einer Prise Zucker abschmecken. Mit Weißbrot, Nudeln oder Kartoffeln servieren.

Jägertopf

750 g Wildfleisch
(von Hirsch, Reh oder
Wildschwein)
2 große Zwiebeln
3 EL Öl
250 g Sauerkraut
Wacholderbeeren

1 Lorbeerblatt
$\frac{1}{4}$ l saure Sahne
Salz, Pfeffer
8—10 Scheiben durch-
wachsener Räucher-
speck

Einen Tontopf mit Deckel wässern. Die geschälten
Zwiebeln in feine Würfel hacken und in Öl in der
Pfanne glasig andünsten. Aus dem Fett herausnehmen und auf dem Boden der gewässerten Tonform
verteilen. In dem verbliebenen Öl die Wildfleisch-
stücke gut anbraten, dann auch in den Tontopf geben. Das Sauerkraut gut zerpflücken und über das
Fleisch schichten. Anschließend Wacholder und Lorbeer dazugeben, Salz und Pfeffer in saurer Sahne
verrühren und alles über die Mischung gießen. Zum
Schluß die Speckscheiben darüberlegen.
Dann die Form schließen, in das kalte Backrohr schieben und bei etwa 220 Grad ca. 1$\frac{1}{2}$ Stunden garen.
Dazu gibt es Kartoffelbrei, Butternudeln oder Sem-
melknödel.

Innereien

Risotto mit Hühnerleber

Für 3 Personen:

300 g Hühnerleber
6 EL Öl
200 g Rundkornreis
3 Tomaten

1 Knoblauchzehe
Brühe
Salz
Safran
100 g Erbsen
1 Bund Petersilie

Die Leber putzen, waschen und in Stücke schneiden.
In einer Kasserolle das Öl erhitzen und die Leber darin kurz anbraten. Dann den Reis dazugeben und unter Rühren glasig dünsten. Die Tomaten rechtzeitig
überbrühen, schälen, in Achtel schneiden und auch
in den Topf geben. Die durchgepreßte Knoblauchzehe zufügen. Das Ganze mit der doppelten Menge
heißer Brühe ablöschen und mit Salz und etwas Safran abschmecken. Bei milder Hitze das Ganze nun
zugedeckt 20 Minuten garen. Danach werden die
Erbsen unter das heiße Reisgericht gemischt. Alles zusammen nochmals 10 Minuten erhitzen und zum
Schluß die Petersilie fein hacken und über das Gericht streuen.

Tiroler Leberrisotto

400 g Rindsleber   2 EL Tomatenmark
300 g Rundkornreis   4 EL Mehl
1 l Fleischbrühe   frischer Salbei
2 Zwiebeln   Salz
6 EL Öl   100 g frischer Parmesan

Die Leber gut säubern, abtrocknen und dann in feine
Streifen schneiden. Beiseite legen. Zwiebeln schälen,
würfeln und zusammen mit dem Reis in 4 EL Öl in einem Topf andünsten. Nach etwa 5 Minuten mit
Fleischbrühe auffüllen, das Tomatenmark unterrühren
und nun zusammen 20 Minuten dünsten. Die Leber
vorsichtig mit Salbei würzen, in Mehl wenden und
dann in Öl von allen Seiten anbraten, sie soll innen
noch rosa sein. Die Leber unter den fertig gegarten
Reis mischen. Zum Schluß den frisch geriebenen Parmesan darüberstreuen und servieren.

Pilaw von Hühnerleber

400 g Hühnerleber
250 g Langkornreis
2 Zwiebeln
2 Knoblauchzehen
4 EL Öl

¾ l Fleischbrühe
Salz, Pfeffer
2 EL Rosinen
2 EL Mandelstifte

Zwiebeln schälen und in kleine Würfel schneiden, Knoblauch sehr fein aufschneiden und zusammen in 2 EL Öl andünsten. Den Reis dazugeben, einige Minuten mitdünsten, dann mit der Brühe auffüllen. Nun das Ganze im geschlossenen Topf 15—20 Minuten köcheln. Die Hühnerleber in kleine Streifen schneiden und in dem restlichen Öl braten, salzen, pfeffern und zusammen mit den gewaschenen Rosinen und den Mandeln unter den Reis mischen. Das Gericht noch einmal würzen und dann heiß servieren.

Gerichte mit Wurst, Schinken und Speck

Cervelat-Kartoffel-Topf

400 g Cervelat
am Stück
750 g rohe Kartoffeln
$\frac{1}{8}$ l Sahne
1 TL Essig
2 kleine Zwiebeln

Salz, Pfeffer
1 Sträußchen glatte
Petersilie
2 EL geriebener
Emmentaler Käse
Rindfleischbrühe

Die Kartoffeln schälen, in Würfel schneiden, mit der Rindfleischbrühe bedecken und weich kochen. Von der Cervelat die Haut abziehen und die Wurst in kleine Scheibchen schneiden. In den letzten 10 Minuten der Kochzeit zu den Kartoffeln geben. Die Zwiebeln in kleine Würfelchen schneiden und kurz anrösten. Die Petersilie fein wiegen und zuletzt vor dem Anrichten zusammen mit dem Käse und den gerösteten Zwiebelchen darüberstreuen.

Kartoffelsuppe
(Foto Seite 96)

500 g Schinken-schwarten	100 g Zwiebeln
375 g Schinkenenden	3 Knoblauchzehen
10 g getrocknete chinesische Pilze	2 Stangen Porree
	500 g Champignons
	125 g Pfifferlinge
50 g Butterschmalz	1,5 kg Kartoffeln

Schinkenschwarte und Schinkenenden in 3,5 l Wasser etwa 1 Stunde leise kochen lassen, die chinesischen Pilze kurz abbrausen, dann mit Wasser bedeckt einweichen. Butterschmalz heiß werden lassen, die gewürfelte Zwiebel und den Knoblauch, den in Ringe geschnittenen Porree, die blättrig geschnittenen Champignons und die Pfifferlinge (evtl. zerkleinert) darin andünsten. In Scheiben geschnittene Kartoffeln dazugeben. Die Brühe durchgießen und alles damit auffüllen. Den Schinken würfeln und mit den eingeweichten Pilzen zur Suppe geben.

Schlesisches Himmelreich

Die Mischung aus Backobst, Speck und zarten Klößen ist *das* schlesische Nationalgericht schlechthin.

250 g gemischtes
Backobst
Salz
400 g Rauchfleisch oder
magerer geräucherter
Speck

1 EL Zucker
½ TL Zimt
1 TL Zitronensaft
1 EL Speisestärke

Am Vorabend das Backobst gründlich waschen und in ½ l Wasser einweichen. Am nächsten Tag ½ l Wasser mit Salz aufkochen, Rauchfleisch oder Speck hineingeben und 45 Minuten bei Mittelhitze kochen. Abgetropftes Obst, Zucker, Zimt und Zitronensaft zufügen. Zum Kochen bringen und weitere 30 Minuten auf kleiner Flamme garen. Speisestärke in etwas kaltem Wasser anrühren, in die Sauce geben und aufkochen. Das Gericht abschmecken, das Fleisch herausnehmen und in Scheiben schneiden. Das Backobst in einer Schüssel mit den Fleischscheiben obenauf anrichten. Dazu gibt es Semmel-, Kartoffel- oder Hefeklöße, die man außerdem mit flüssiger Butter begießen kann.

Westfälisches Blindhuhn

(Foto Seite 97)

125 g weiße Bohnen
¾ l Wasser
1 mittelgroße Zwiebel
20 g Butter
200 g Möhren
250 g grüne Bohnen
600 g Kartoffeln
400 g durchwachsener
geräucherter Speck

¼ l Fleischbrühe
je 1 TL getrockneter
Majoran und
Bohnenkraut
Salz
½ TL gemahlener
weißer Pfeffer
250 g säuerliche Äpfel

In manchen Gegenden Westfalens kennt man diesen herzhaften Eintopf auch unter der Bezeichnung »Gänsefutter«.

Die Bohnenkerne unter fließendem Wasser in einem Sieb abbrausen, in einen Topf geben und ¾ l Wasser zugießen. Zugedeckt über Nacht einweichen. Am anderen Tag die Bohnen mit dem Einweichwasser 15 Minuten kochen. Die geschälte Zwiebel grob hakken und in der erhitzten Butter hellgelb anrösten. Die gewaschenen Gemüse putzen, die Möhren in Scheiben schneiden, die Bohnen einmal brechen und die geschälten Kartoffeln in 3 cm große Würfel schneiden. Das Gemüse mit den Zwiebeln, dem Speck, der Fleischbrühe und den Gewürzen zu den Bohnen geben, umrühren und alles zusammen 45 Minuten kochen. Die gewaschenen und geschälten Äpfel in Achtel schneiden und in den letzten 5 Kochminuten zum Eintopf geben. Wenn das Gericht gar ist, den Speck herausnehmen und in Scheiben schneiden. Dazu paßt helles Bier.

Linsentopf

500 g Linsen
2 l Wasser
1 Bund Suppengrün
$\frac{1}{2}$ Lorbeerblatt
2 EL Essig

Salz
100 g durchwachsener
Räucherspeck am Stück
4 Würstchen

Die Linsen über Nacht im Wasser einweichen. Am
nächsten Tag mit dem Einweichwasser in eine gewässerte Tonform füllen. Das geputzte Suppengrün kleinschneiden und zusammen mit dem Lorbeerblatt, Essig und Salz dazugeben. Den Speck darüberlegen
und die Form schließen. Ins kalte Rohr schieben und
bei 250 Grad etwa 2 Stunden garen. Dann die Würstchen in Scheiben schneiden und in der Pfanne von
beiden Seiten kurz anbraten. In der Zwischenzeit den
Speck würfeln und zusammen mit den angebräunten
Wurstscheiben dem Linsentopf beigeben. Anschließend sofort servieren.

Möhreneintopf

1 kg Möhren
500 g Kartoffeln
Salz, Pfeffer

500 g Räucherwurst
am Stück
¾ l Wasser
1 Strauß Petersilie

Eine Tonform mit Deckel wässern. Die Möhren putzen und in Scheiben schneiden. Die Kartoffeln waschen, schälen und in Würfel zerteilen.
In die gewässerte Tonform abwechselnd Möhren und Kartoffeln schichten. In die Mitte kommt die Räucherwurst, die mit ihrem Geschmack alles durchziehen soll. Vorsichtig mit Salz und Pfeffer würzen. Soviel Wasser aufgießen, daß die Zutaten gerade bedeckt sind. Die geschlossene Form in den kalten Ofen schieben und das Gericht bei 250 Grad 1¼ Stunden backen. Vor dem Servieren die Wurst kleinschneiden und zusammen mit der feingewiegten Petersilie über den Eintopf streuen.

Spinatgratin mit Schinken

200 g Reis
1 kg frischer Spinat
400 g gekochter
Schinken
¼ l Fleischbrühe
¼ l Milch
1 Zwiebel
1 Knoblauchzehe
50 g Butter

30 g Mehl
100 g geriebener
Hartkäse
50 g geriebener
Parmesan
3 Eier
¼ l saure Sahne
Muskat

½ l Wasser leicht salzen, einen kleinen Schuß Öl dazugeben und in das kochende Wasser den Reis hineinrieseln und bei ganz schwacher Hitze 30 Minuten ausquellen lassen. Den Spinat gut waschen, abtropfen und dann in reichlich Salzwasser ½ Minute blanchieren. Kalt abschrecken und wieder gut abtropfen lassen; danach grob hacken.

Zwiebeln und Knoblauch schälen, sehr fein hacken und anschließend in 20 g Butter glasig dünsten. Den Spinat dazufügen und schmoren, bis keine Flüssigkeit mehr vorhanden ist. Die restliche Butter erhitzen, das Mehl darin anschwitzen, mit Fleischbrühe und Milch ablöschen und danach 5 Minuten köcheln lassen. Dann mit Salz, Pfeffer und Muskat abschmecken. Mit dem geriebenen Hartkäse verrühren. Den fertigen Reis mit der Käsesauce vermischen. Abwechselnd mit dem Spinat und dem kleingeschnittenen Schinken in eine eingefettete feuerfeste Form schichten.

Die 3 Eier mit saurer Sahne und dem geriebenen Parmesan verquirlen und auch etwas Muskat dazugeben. Dann den Gratin mit der Mischung übergießen und 10 Minuten im Ofen überbacken.

Wursteintopf

500 g Fleischwurst
1 kg Kartoffeln
6 Zwiebeln
40 g Butter

½ l Bier
1 Fleischbrühwürfel
2 Lorbeerblätter
1 Bund Petersilie
Salz, Pfeffer

Kartoffeln schälen und in Scheiben schneiden. Die Fleischwurst in kleine Stücke, Zwiebeln zu Ringen schneiden. Das alles wird 10 Minuten in Butter gebraten. Dann das Bier zugießen und den Brühwürfel darin auflösen. Mit Salz, Pfeffer sowie Lorbeer würzen und 15 Minuten garen. Das Ganze noch einmal pfeffern und vor dem Servieren mit Petersilie bestreuen.

Kartoffelgulasch

8 Scheiben Frühstücksspeck
4 Zwiebeln
5 große Kartoffeln
1 Knoblauchzehe

¼ TL Oregano
¼ l Rinderbrühe
2 TL Apfelessig
Salz, Pfeffer

Den Frühstücksspeck in Streifen schneiden und in einem Topf anbraten. Bis auf 3 EL das Fett abgießen. Die Zwiebeln schälen, hacken, in den Topf geben und 1½ Minuten anbraten. Die Kartoffeln schälen und in kleinere Würfel schneiden, den Knoblauch kleinhacken und zusammen mit dem Oregano in den Topf geben. 1 Minute kochen lassen. Mit der Rinderbrühe und dem Apfelessig aufgießen, salzen und pfeffern. Nun wird der Topf zugedeckt und das Ganze 25—30 Minuten gargekocht.

Berliner Löffelerbsen

Berliner Löffelerbsen werden vermutlich so genannt, weil man sie ohne große Umstände mit dem Löffel essen kann. Sicher ist, daß sie einen der deftigsten Eintöpfe dieser Region ergeben.

375 g gelbe, ungeschälte	*2 Karotten*
Erbsen	*2 Kartoffeln*
2 l Wasser	*1 Stange Lauch*
250 g durchwachsener	*1 EL Butter oder*
Speck	*Margarine*
1 Lorbeerblatt	*Salz*
1 TL Majoran	*frische Petersilie*
2 Zwiebeln	

Erbsen am Vortag in kaltem Wasser einweichen, so daß sie damit bedeckt sind. Am nächsten Tag im Einweichwasser aufsetzen und zum Kochen bringen. Speck, Majoran und Lorbeerblatt hineingeben. Zugedeckt 1½ Stunden köcheln lassen. In der Zwischenzeit Zwiebeln, Karotten und Kartoffeln schälen, alles gut waschen und abtropfen lassen. Den Lauch längs halbieren und gut unter fließendem Wasser reinigen. Alle Gemüse in Würfel oder Streifen schneiden und

5 Minuten in Butter oder Margarine andünsten. 30 Minuten vor Ende der Garzeit den Speck aus den Erbsen nehmen, die Gemüse hinzufügen und mitkochen. Inzwischen den Speck in Würfel von ca. 3 cm Seitenlänge schneiden, wieder in den Topf geben. Eventuell mit Salz abschmecken, das Lorbeerblatt entfernen. Die gehackte Petersilie vor dem Servieren darüberstreuen. Dazu paßt jede Art von frischem Brot oder Brötchen.

v.l.n.r.: *Pot-au-feu, Kartoffelsuppe,*
Fisch-Muschel-Topf
vorne: *Bohnen-Entenkeulen-Topf*
(Rezepte S. 65, 88, 97, 116) ▷

Geflügelgerichte

Bohnen-Entenkeulen-Topf
(Foto Seite 96)

500 g weiße Bohnen	500 g grüne Paprika-
2 Entenkeulen	schoten
500 g Entenklein	500 g Kochwürste
20 g Butter	1 Dose rote Bohnen
100 g Zwiebeln	Salz, Pfeffer
2 große Knoblauchzehen	4 EL Tomatenketchup

Die weißen Bohnen über Nacht in reichlich Wasser einweichen. Entenkeulen und Entenklein in Butter scharf anbräunen, die Bohnen mit dem Einweichwasser dazugießen, zum Kochen bringen und einen weiteren Liter Wasser dazugeben. Bei milder Hitze ca. 2 Stunden leise kochen lassen. Zwiebeln in etwas Fett andünsten, den durchgepreßten Knoblauch und die gewürfelten Paprikaschoten dazugeben. Gut durchdünsten. Die in Scheiben geschnittenen Kochwürste zufügen. Entenfleisch aus den Bohnen nehmen, Bohnen zum Gemüse geben. Alles aufkochen lassen, rote Bohnen mit Flüssigkeit zugeben, zum Schluß pikant würzen. Mit den Entenkeulen servieren.

◁ *Westfälisches Blindhuhn* (Rezept S. 90)

Hühnerfrikassee

1 Suppenhuhn
Salz
1 Lorbeerblatt
4 Pfefferkörner
2 Gewürznelken
1 mittelgroße Zwiebel
1 Bund Suppengrün
40 g Butter
60 g Mehl

½ Zitrone
3 EL Weißwein
125 g Spargel
(aus der Dose)
125 g Champignons
(aus der Dose)
1 Eigelb
Paprika, edelsüß

Das Suppenhuhn waschen, abtrocknen und in einen großen Kochtopf geben. Auch Herz, Magen und Hals dazutun. Mit 2 l kaltem Wasser übergießen und aufkochen. Salz, die Gewürze und die ganze, aber geschälte Zwiebel in die Brühe geben. Nach ca. 1 Stunde das gut geputzte Suppengrün dazugeben und noch eine weitere Stunde garen. Danach das Huhn herausnehmen, etwas abkühlen lassen und das Fleisch von den Knochen lösen. Die Hühnerbrühe durch ein Sieb gießen. Auch das Fleisch von Herz, Magen und Hals auslösen und zu dem übrigen Hühnerfleisch geben.

In einem großen Topf die Butter schmelzen, Mehl hineinrühren, mit ½ l Hühnerbrühe auffüllen und gut durchkochen. Die Sauce mit Salz, Pfeffer, wenigen Tropfen Zitronensaft und dem Wein abschmecken. Hühnerfleisch, Spargel und abgetropfte Champignons in der Sauce erhitzen. Etwas Sauce herausnehmen, mit dem Eigelb verquirlen und wieder unter das Hühnerfrikassee rühren. Nicht mehr kochen, sondern nur noch bei niedriger Temperatur warm halten.

Vor dem Servieren das Ganze mit etwas Paprika bestreuen. Dazu paßt am besten Reis oder frischer Toast.

Schmorhuhn

1 junges Suppenhuhn	*Pfeffer, Salz*
6 EL Butter	*2 TL fein geschnittener*
3 mittelgroße Zwiebeln	*Schnittlauch*
2 große Möhren	*1 Ei*
250 g Champignons	*1½ Tassen Weißwein*
1 EL Mehl	

Die Zwiebeln schälen und kleinhacken, die Möhren in Scheiben schneiden, die Pilze waschen und ebenfalls in Scheiben schneiden. Das Ganze mit 3 EL Butter in einem Topf gut andünsten, dann etwas Mehl unterrühren, salzen, pfeffern und das Gemüse wieder herausnehmen.
Das Huhn in Portionsstücke teilen, mit Salz und Pfeffer einreiben und mit weiteren 3 EL Butter im Topf von allen Seiten anbräunen. Den Weißwein zugießen und das Huhn im gut geschlossenen Topf etwa 60 Minuten schmoren. Die Garzeit ist je nach Alter des Huhns unterschiedlich und kann bis zu 2 Stunden betragen. Sobald das Fleisch beginnt, gar zu werden, die vorbereitete Pilz-Gemüse-Mischung wieder in den Topf geben und weitere 15 Minuten garen. Mit dem hartgekochten, fein gehackten Ei und gewiegtem Schnittlauch bestreut servieren und frisches Landbrot dazu reichen!

Rübcheneintopf mit Gänsekeulen

(Foto Seite 112)

Für 4—6 Personen:

2 Gänsekeulen (à 450 g)
1 Bund Suppengrün
3 Lorbeerblätter
1 EL Pfefferkörner
1 Fleischtomate (250 g)
250 g Möhren
500 g Teltower Rübchen

100 g junge, dicke
Bohnen aus dem Glas
1—2 Knoblauchzehen
Salz
Pfeffer aus der Mühle
1 EL getrockneter
Majoran
2 Bund glatte Petersilie

Gänsekeulen im eigenen Fett rundherum goldbraun anbraten. Das Suppengrün putzen, waschen, grob zerteilen, zum Fleisch geben und mit anrösten. 1½ l Wasser dazugießen und zum Kochen bringen. Sorgfältig abschäumen, dann Lorbeer, Pfefferkörner und die geviertelte Tomate zugeben. Das Ganze offen bei sehr milder Hitze ungefähr 2 Stunden ziehen lassen.

Inzwischen die Möhren und Rübchen schälen, waschen und in Scheiben schneiden. Bohnen auf einem Sieb unter fließendem kaltem Wasser gut abspülen. Die Brühe durch ein Sieb gießen. Das Fleisch sorgfältig von den Knochen lösen und in mundgerechte Stücke schneiden.

Von der Brühe 3 EL Fett abschöpfen und in einem Topf erhitzen. Möhren und Rübchen darin andünsten. Mit 1 l Brühe auffüllen. Das Ganze bei milder Hitze 20 Minuten garen. Dann die Bohnen und das Fleisch zugeben und in der Suppe heiß werden lassen. Mit dem geschälten, durchgepreßten Knoblauch,

Salz, Pfeffer und dem gerebelten Majoran kräftig abschmecken. Mit der gehackten Petersilie bestreuen
und servieren.

Griechischer Hühnertopf

1 Brathähnchen	¾ l Hühnerbrühe
(ca. 1 kg)	120 g Butter
1 Knoblauchzehe	Salz
1 EL Tomatenpüree	100 g geriebener
¼ TL weißer Pfeffer	Hartkäse
2 Tassen Langkornreis	

Das Brathähnchen in Stücke zerteilen, waschen, trok-
kentupfen und mit der zerdrückten Knoblauchzehe
einreiben. Eine Backform mit Öl auspinseln und mit
Tomatenpüree bestreichen. Die Hähnchenteile werden nun in diese Backform gelegt und 40 Minuten
bei 180 Grad gebraten. Die Hähnchenteile bitte einmal wenden.
Nun ¼ l Wasser zum Kochen bringen und den Reis
darin 10 Minuten vorkochen, dann das Wasser abgießen. Die Hühnerbrühe zum Kochen bringen und
die kochende Brühe mit dem vorgekochten Reis zum
Hähnchen geben. Alles mit Folie abdecken und
30 Minuten im Ofen backen. Dann die Form herausnehmen, das Ganze noch 15 Minuten ruhen lassen
und dann servieren.

Neapolitanisches Huhn im Topf

1 Brathuhn
(ca. 1,5 kg)
$\frac{1}{2}$ Tasse Mehl
1 TL Salz
$\frac{1}{2}$ TL frisch gemahlener
schwarzer Pfeffer
5 EL Olivenöl
2 große Gemüse-
zwiebeln
2 Knoblauchzehen

1 große rote Paprika-
schote
$\frac{1}{2}$ Tasse trockener
Vermouth
200 g Tomaten
(aus der Dose)
1 TL getrocknetes
Basilikum
1 großes Lorbeerblatt
100 g schwarze Oliven

Das Brathuhn in ca. 8 Stücke teilen, unter fließendem Wasser säubern und gut trockentupfen. In einer flachen Schüssel Mehl, Salz und Pfeffer vermischen und die Fleischstücke darin wenden. In einem sehr großen Topf das Olivenöl erhitzen und die Hühnerstücke mit der Haut nach unten hineingeben und auf beiden Seiten anbraten. Dann wieder herausnehmen und beiseite stellen. Den Bratenfond bis auf 2 EL abgießen und die feingehackten Zwiebeln unter ständigem Rühren auf mittlerer Flamme goldbraun anbraten. Den Knoblauch durchpressen und auch dazugeben. Paprikaschoten entkernen, in dünne Streifen schneiden und auch zufügen. Mit Vermouth aufgießen und auf großer Flamme ca. 5 Minuten kochen, wobei sich die Flüssigkeit etwas reduziert. Nun gibt man das Hühnerfleisch wieder in den großen Topf und verteilt die Gemüsemischung aus zerkleinerten Tomaten, Basilikum und Lorbeerblatt darüber. Ca. 30 Minuten bei geringer Temperatur kochen. Von Zeit zu Zeit mit dem Fond begießen.

Den Ofen auf 100 Grad vorheizen, Hühnerfleisch auf eine feuerfeste Platte geben und im Ofen warm halten. Den Fond im Topf lassen, das Lorbeerblatt entfernen und die Sauce bei hoher Temperatur unter ständigem Rühren eindicken lassen. Die Oliven dazufügen und weitere 2 Minuten kochen. Die reduzierte Sauce nun über das Hühnerfleisch geben und servieren. Am besten schmeckt dazu knuspriges Stangenweißbrot.

Entenschmortopf

1 Ente (ca. 2 kg)
1 große Zwiebel
¾ l Hühnerbrühe
¼ l Weißwein
1 TL Salz
½ TL Pfeffer

4 Stangen Staudensellerie
4 große Möhren
5 große Kartoffeln
½ TL Thymian

Die Ente in Portionsstücke schneiden. Die Zwiebel schälen und vierteln. Die Möhren putzen und in kleine Stücke schneiden, Kartoffeln schälen und vierteln. Alles beiseite stellen. Nun die Entenstücke in einen großen Topf geben, die Zwiebel hinzufügen, mit Wasser bedecken und 20 Minuten sieden. Dann das Wasser abgießen und die Zwiebel entfernen. Danach die Entenstücke und alle übrigen Zutaten, außer den Kartoffeln, in einen großen Topf geben. Zudekken und 20 Minuten lang kochen. Dann das Fett abschöpfen, die Kartoffeln dazugeben und weitere 30 Minuten bei geringer Temperatur köcheln lassen, bis Fleisch und Kartoffeln gar sind.

Früchte-Huhn mit Reis

1 kleines Suppenhuhn
Salz
1 Lorbeerblatt
1 Nelke
1 kleine Zwiebel
250 g Reis

1 kleine Orange,
unbehandelt
10 grüne Oliven
3 EL Sultaninen
1 EL Kapern

Das Suppenhuhn in portionsgerechte Stücke zerteilen und in einen Topf mit ca. 1 l Wasser geben. Salz, Lorbeerblatt, Zwiebel und Nelke dazufügen und zugedeckt garen, bis sich das Fleisch leicht vom Knochen löst. Die Brühe absieben und 1 l abmessen. Das Hühnerfleisch von Häuten und Knochen befreien und in kleine Stücke schneiden.

Den Reis gründlich kalt abwaschen und in der abgesiebten Hühnerbrühe so lange kochen, bis die Flüssigkeit vollständig aufgesogen ist. Von der gewaschenen Orange ganz zarte Streifen abschälen und hauchdünn schneiden. Den Saft der Orange auspressen. Die Oliven entsteinen und in kleine Scheibchen schneiden. Die Sultaninen waschen und in etwas kochendem Wasser quellen lassen.

Die ausgelösten Hühnerstücke, die zarten Orangenschalen, den Orangensaft, die Oliven und die Sultaninen sowie die Kapern vorsichtig unter den Reis mengen. Alles noch einmal gut heiß werden lassen.

Ungarisches Hühnergulasch

1 großes Suppenhuhn
200 g Zwiebeln
1 rote Paprikaschote
100 g Fett
1 kg Kartoffeln

3 Möhren
Paprika, edelsüß
Kümmel
4 mittelgroße Tomaten
Salz

Die Zwiebeln schälen und fein hacken, die Paprikaschoten entkernen, das Weiße entfernen und in kleine Stücke schneiden. Fett in einem großen Topf heiß
werden lassen, Zwiebeln und Paprikaschoten hineingeben und so lange anbraten, bis die Zwiebelstücke
goldgelb sind. Dann den Topf vom Feuer nehmen,
etwas Paprika dazufügen und mit Wasser aufgießen.
In diese Brühe nun das in mundgerechte Stücke geschnittene Huhn legen, salzen, etwas Kümmel dazugeben und so lange dünsten, bis das Fleisch fast
weich ist (Gabelprobe!). Die Möhren in feine Scheiben schneiden, die Kartoffeln schälen und in Würfel
schneiden und die Tomaten enthäuten und achteln.
Dann die Möhren, die Kartoffeln und die Tomaten
zum Huhn geben und das Ganze noch ca. 40—50
Minuten lang dünsten.

Mexikanischer Hühnertopf
mit Krabben

1 Suppenhuhn (ca. 2 kg)
2 l Wasser
Salz
Pfefferkörner
2 Stangen Lauch
2 Bund Petersilie
1 Lorbeerblatt
200 g Reis

300 g Krabbenfleisch
(Dose)
150 g gekochter
Schinken
Cayennepfeffer
gestoßener Koriander
Muskatnuß
150 g Erdnüsse
1 EL Mango-Chutney

Das Huhn in Salzwasser mit Pfefferkörnern, in Scheiben geschnittenem Lauch, Petersilie und Lorbeerblatt in gut 2 Stunden weichkochen. Herausnehmen, enthäuten, entbeinen und in dünne Streifen schneiden. Die Brühe durchsieben und für die Zubereitung des Reises verwenden. Den Reis in die Brühe streuen und ca. 20—30 Minuten bei geringer Temperatur garen. Den fertigen Reis mit dem kleingeschnittenen Hühnerfleisch mischen, Krabben und in kleine Würfel geschnittenen Schinken dazugeben, mit Cayennepfeffer, Koriander und Muskatnuß würzen. Ca. $\frac{1}{8}$ l Wasser oder Geflügelbrühe zugießen und bei mäßiger Temperatur und gelegentlichem Umrühren alles noch einmal erwärmen. Zum Schluß die Erdnüsse unter das Gericht mischen und mit Mango-Chutney servieren.

Kubanischer Hühnertopf

1 großes Brathuhn	2 Zwiebeln
2 Knoblauchzehen	1 Lorbeerblatt
Salz	$\frac{1}{8}$ l Weißwein
frisch gemahlener Pfeffer	6 mittelgroße Kartoffeln
4 kleine frische	125 g grüne Erbsen
Pimientos	2 rote Paprikaschoten
3 EL Olivenöl	

Die Pimientos entstielen, entkernen und mit kochendem Wasser übergießen. Dann sehr klein schneiden und mit durchgepreßtem Knoblauch, Salz und Pfeffer zu einer Paste verarbeiten. Mit dieser Paste das in Portionsstücke geteilte Huhn einreiben und über Nacht kalt stellen.

Am nächsten Tag das Olivenöl in einem großen Topf erhitzen und die geschälten, geviertelten Zwiebeln darin anrösten. Dann die Zwiebeln herausnehmen und warm stellen. Die Hühnerstücke ringsherum in dem Olivenöl anbraten und die Zwiebeln wieder dazugeben. Den Weißwein und das Lorbeerblatt hinzufügen und das Ganze etwa 1 Stunde sanft köcheln lassen. Unter Umständen etwas Wasser nachfüllen. Die Kartoffeln schälen und in Würfel schneiden, die Paprikaschoten entstielen, entkernen und in feine Streifen schneiden und beides in die Brühe geben. Rund 20 Minuten mitkochen. Zum Schluß Erbsen (Dose oder tiefgekühlt) dazugeben, kurz durchziehen lassen und das Gericht heiß servieren.

Mexikanisches Chilihuhn

1 großes Hähnchen
oder 1 Poularde
von 1,5—2 kg
Salz
frisch gemahlener Pfeffer
2 EL Olivenöl
3 mittelgroße Zwiebeln
2 Zehen Knoblauch
2 EL trockener Sherry

1 EL Chilipulver
1 TL gemahlener
Kreuzkümmel
1 TL getrockneter
Oregano
2 TL Mehl
6—8 Tomaten
20 grüne Oliven

Hähnchen oder Poularde in Portionsstücke teilen, salzen und pfeffern. In einer großen Pfanne das Öl erhitzen und die Hühnerteile mit der Haut nach unten auf beiden Seiten je 8 Minuten goldbraun anbraten. Danach die Fleischstücke in einen großen Topf legen. Die Zwiebeln und den Knoblauch schälen und sehr fein hacken. Das Fett in der Pfanne bis auf 1 EL abgießen, Zwiebeln und Knoblauch darin bei geringer Hitze unter kräftigem Rühren dünsten. 1 EL Sherry dazugießen und weiterbraten, bis die Flüssigkeit ganz eingekocht ist. Nun das Ganze mit Chilipulver, Kreuzkümmel, Oregano und Mehl auf kleinster Flamme zu einer Paste verrühren. Die geschälten, sehr grob gehackten Tomaten dazugeben, salzen, pfeffern und auf kleiner Flamme unter häufigem Rühren 10 Minuten einkochen. Diese Sauce über das Hähnchen gießen, so daß alle Teile gut bedeckt sind. Den Topf fest zudecken und auf kleiner Flamme etwa 30 Minuten ganz leicht köcheln lassen. Die entkernten Oliven dazugeben, den restlichen Sherry einrühren und das Ganze noch einmal aufkochen.
Mit frischem Stangenweißbrot oder Toast servieren.

Südfranzösischer Hühnertopf

1 Huhn von ca. 1,5 kg
1 EL Zitronensaft
1 TL Oregano
¼ TL frisch gemahlener
schwarzer Pfeffer
1 EL Salz
5 Scheiben Frühstücks-
speck
2 EL Olivenöl
1 grüne Paprikaschote
1 rote Paprikaschote

2 Knoblauchzehen
125 g gekochter
Schinken
1 Zwiebel
1 Tomate
12 grüne Oliven
1 EL Kapern
1 Tasse Reis
2½ Tassen heißes
Wasser
250 g Erbsen

Das Huhn mit Zitronensaft, Oregano, Pfeffer und Salz
einreiben und 1 Stunde ruhen lassen. Danach in Portionsstücke schneiden.
In einem Topf den Frühstücksspeck anbraten, bis er
knusprig ist. Die Hühnerfleischstücke in dem Fett
ringsherum goldbraun braten. Die entkernten, in
Scheiben geschnittenen Paprikaschoten, den durchgepreßten Knoblauch, den in feine Scheiben geschnittenen Schinken und feingehackte Zwiebeln dazugeben und 5—10 Minuten schmoren. Dann die geschälte Tomate, Oliven sowie Kapern dazugeben und
Reis in den Topf einrieseln lassen. Das Ganze mit
Wasser übergießen und ½ Stunde sanft köcheln lassen. Erst in den letzten 5 Minuten vor Ende der Garzeit die Erbsen dazugeben.

Mexikanischer
Hühner-Reis-Topf

1 Suppenhuhn
Salz
1 Lorbeerblatt
1 Nelke
1 kleine Zwiebel
125 g Knoblauchwurst

125 g gekochter
Schinken
4 EL Olivenöl
3 Knoblauchzehen
200 g Reis

Das Huhn in portionsgerechte Stücke zerteilen, in den Topf geben und knapp mit Wasser bedecken. Das Lorbeerblatt, die Nelke und die geschälte, feingeschnittene Zwiebel dazugeben. Zugedeckt garen. Nach dem Garvorgang die Brühe absieben und aufbewahren. Die Knoblauchwurst evtl. halbieren und in Scheiben schneiden, den Schinken in grobe Würfel schneiden.
In einem Topf Öl erhitzen und die geschälten, kleingeschnittenen Knoblauchzehen darin ganz hell anbraten. Wurst und Schinken dazufügen und kurz anrösten. Den trockenen Reis bei reduzierter Hitze im Öl anbraten. Er soll nur leicht glasig werden. Das Ganze mit 1 l Brühe ablöschen. Sehr langsam bei geringer Temperatur quellen lassen. Nach etwa 20—30 Minuten die Hühnerstücke darunterheben. Nun noch etwa 15 Minuten bei sehr geringer Temperatur köcheln lassen, so daß der Reis gut trocken wird.

Hähnchen in Wein

Coq au vin

1 Hähnchen von 1,2 kg
200 g Champignons
2 mittelgroße Zwiebeln
oder 250 g Schalotten
4 Tomaten oder
1 EL Tomatenmark
3 EL Öl
½ l kräftiger Rotwein,
am besten Burgunder
Salz, weißer Pfeffer

Cayennepfeffer
70 g durchwachsener
Speck
1 Tasse Fleischbrühe
1 Glas Cognac
1 EL Mehl
4 EL Wasser
(nach Bedarf)
frische Petersilie

Das Hähnchen in Portionsstücke teilen und mit Salz und wenig Pfeffer einreiben. Speck in Würfel schneiden. Champignons waschen und vierteln. Die Zwiebeln in feine Ringe schneiden. Tomaten überbrühen, schälen und in kleine Stücke schneiden. Öl in einem Bräter erhitzen, die Zwiebelringe darin hell andünsten, Champignons dazugeben, gut 5 Minuten dämpfen und zusammen mit den Zwiebeln in eine Schüssel geben. Speckwürfel im selben Topf auslassen, die Geflügelteile darin von allen Seiten anbraten, Tomaten oder Tomatenmark zufügen und mit Wein ablöschen. Das Geflügel auf kleiner Flamme ca. 50 Minuten zugedeckt garen. Gegen Ende der Garzeit eventuell etwas Fleischbrühe zugeben. Falls nicht viel Flüssigkeit verdampft ist, die kalte Fleischbrühe zum Anrühren des Mehls verwenden, ansonsten das kalte Wasser dafür nehmen. Die Hähnchenteile herausnehmen, die kochende Sauce mit dem angerührten

Mehl binden, 7—10 Minuten durchkochen, mit Cognac und Cayennepfeffer abschmecken. Hähnchenstücke, Zwiebeln und Champignons in die Sauce geben und alles zusammen noch 15 Minuten durchziehen lassen. Mit frisch gehackter Petersilie bestreut servieren und Baguette dazu reichen, das traditionell dazu gegessen wird.

Rübcheneintopf mit Gänsekeulen (Rezept S. 100) ▷

Fische
und Meeresfrüchte

Reistopf mit Meeresfrüchten

500 g Rotbarschfilet
250 g Krabben (TK)
1 Dose Muscheln in Öl
1 grüne Paprikaschote
1 gelbe Paprikaschote
3 Tassen gekochter Reis

½ TL Curry
Pulversalz (aus
der Mühle)
Pfeffer
1 Glas Weißwein

Einen Tontopf mit Deckel, der ausschließlich für Fisch benutzt wird, wässern. Das Rotbarschfilet in kleine Würfel schneiden. Die Krabben kurz unter fließendem Wasser abspülen und abtropfen lassen. Öl von den Muscheln abgießen. Die Paprikaschoten entkernen und in feine Streifen schneiden. Alle diese Zutaten zusammen mit dem gekochten Reis in einer Schüssel mit Curry, Salz und Pfeffer mischen. Anschließend die Mischung in den gewässerten Tontopf füllen, den Weißwein dazugießen und die Form schließen. In das kalte Backrohr schieben und bei ca. 220 Grad gut 1 Stunde garen.

◁ *Wirsingeintopf mit Graupen* (Rezept S. 127)

Shrimps-Pilaw

1500 g frische Shrimps
(Garnelen, evtl. TK)*
2 Lorbeerblätter
1 Stange Sellerie
2½ TL Salz
3 Pfefferkörner
1 grüne Paprikaschote

1½ EL Olivenöl
300 g Langkornreis
1 große Zwiebel
2 EL Tomatenpüree
2 TL Butter
eingelegte rote Paprika
schwarze Oliven

Die (gegebenenfalls aufgetauten) Shrimps unter kaltem Wasser waschen. Dann abtropfen lassen.

Lorbeerblätter, Sellerie, ½ TL Salz und Pfefferkörner in einen großen Topf geben, ¼ l Wasser dazugießen und das Ganze zum Kochen bringen. Nun die Shrimps in den Topf geben, das Wasser soll sie gerade bedecken. Einmal aufkochen, dann die Hitze reduzieren und so lange ziehen lassen, bis die Garnelen rosa geworden sind. Dann die Shrimps herausnehmen und abtropfen lassen.

Die eingelegten roten Paprika in Streifen schneiden und in etwas Wasser in einem offenen Topf 4 Minuten leicht durchziehen lassen, dann herausnehmen und abkühlen lassen.

Die Shrimpsbrühe abseihen und beiseite stellen. Nun die Zwiebel schälen, fein hacken, in einem großen Topf Öl erhitzen, den Reis und die feingehackte Zwiebel dazugeben und glasig dünsten. Das Toma-

---

* Tiefsee- oder Eismeergarnelen werden gleich an Bord der Fischkutter lebend gekocht und an Fisch- und Feinkostgeschäfte verschickt. Lebende Tiefseegarnelen bekommt man bei uns praktisch nur an der Nordseeküste. Sie werden jedoch relativ günstig auch als Tiefkühlkost angeboten.

tenpüree in der Shrimpsbrühe auflösen und zu der Reismischung gießen. Butter, 2 TL Salz und soviel Wasser dazugeben, daß das Ganze mehr als gut bedeckt ist. Einmal aufkochen, dann die Paprikaschoten entkernt und feingeschnitten dazugeben und den Reis mehrfach umrühren. Den Reis bei geschlossenem Topf ausquellen lassen. Sobald er gar ist, die Shrimps dazugeben und noch einmal gut umrühren. Nun die Wärme ganz abstellen und ein Tuch über den Topf legen. Darauf noch einen Deckel geben und das Ganze 15 Minuten ruhen lassen. Danach sofort heiß servieren.

Fischeintopf

500 g Rotzungenfilet	*6 EL Olivenöl*
500 g Seeaal	*1 TL Salz*
500 g Kabeljau	*Thymian*
500 g Tomaten	*Lorbeer*
500 g Zwiebeln	*Salbei*
100 g schwarze Oliven	*1 Sträußchen Petersilie*

Die Tomaten überbrühen, häuten und in Stücke schneiden. Die Zwiebeln ebenfalls häuten, in kleine Stücke schneiden und beides zusammen in Olivenöl anbraten. Dann die Oliven, Thymian, Salbei, Lorbeer, Salz und Pfeffer dazugeben und etwa 30 Minuten lang dünsten. Die in Stücke zerteilten Fische in die Sauce geben und das Ganze ca. 20 Minuten bei mittlerer Hitze kochen. Mit frischer gehackter Petersilie bestreuen und mit knusprigem Weißbrot servieren.

Fisch-Muschel-Topf

(Foto Seite 96)

Für 8 Personen:

50 g Butter
150 g Zwiebeln
750 g Seeaal
750 g Rotbarsch
750 g Seelachsfilet
2 l Fischbrühe
1 Dose Muschelfleisch,
250 g

1 Dose Fischklöße,
250 g
2—3 Bund Dill
½ geschälte Zitrone
Salz, Pfeffer
Streuwürze
8 EL Weißwein
(Haut-Sauternes)
¼ l süße Sahne
4 Eigelb

Die gewürfelte Zwiebel in Butter andünsten, den Seeaal in Scheiben, das Fischfilet in mundgerechte Würfel schneiden. In der Zwiebelmasse andünsten, mit Brühe auffüllen und 10 Minuten leise kochen, nicht viel rühren. Muschelfleisch mit Flüssigkeit, Fischklößchen in Scheiben geschnitten, ebenfalls mit Flüssigkeit, zur Suppe geben. Mit gehacktem Dill, in Scheiben geschnittener, geschälter Zitrone, Salz, Pfeffer, Streuwürze und Haut-Sauternes abschmecken, mit Sahne und Eigelb legieren.

Hummerkrabben-Pilaw

500 g Hummerkrabben
(Scampi)
200 g Langkornreis
¾ l Rindfleischbrühe
2 Zwiebeln
3 Knoblauchzehen

3 Tomaten
4 EL Öl
1 TL Paprika, edelsüß
1 Zitrone
1 TL frische, gehackte
Petersilie

Die Zwiebeln schälen und in kleine Würfel schneiden. Den Knoblauch durch die Knoblauchpresse drücken. Tomaten überbrühen, schälen und in kleine Würfel schneiden. Diese Zutaten in Öl leicht andünsten. Den trockenen Reis dazugeben und rühren, bis er glasig wird. Die Rindfleischbrühe mit Paprika würzen und nach und nach über die Masse gießen. Die Hummerkrabben mit Zitronensaft beträufeln und nach ca. 10 Minuten vorsichtig unter den Reis mischen. Das Ganze dann noch weitere 10 Minuten bei geringer Temperatur ziehen lassen. Das Gericht mit gehackter Petersilie bestreuen und sofort servieren.

Kabeljautopf

Für 6 Personen:

1,5 kg Kabeljaufilet
6 EL Olivenöl
200 g Gemüsezwiebeln
300 g Stangensellerie
750 g Kartoffeln
1 TL Salz

1 TL frisch gemahlener
weißer Pfeffer
4 Stangen Lauch
150 g grüne Oliven
2 EL Korinthen
2 EL Pinienkerne
½ Tasse Wasser

Die Fischfilets waschen, trockentupfen und anschließend in relativ breite Streifen schneiden. In einem sehr großen Topf das Olivenöl anwärmen und die in nicht zu dünne Scheiben geschnittenen Zwiebeln hineingeben, den in Streifen geschnittenen Sellerie daraufschichten und die geschälten und in Scheiben geschnittenen Kartoffeln darüberlegen. Mit der Hälfte des Salzes und Pfeffers würzen. Den Lauch putzen, waschen, der Länge nach halbieren und danach über die Kartoffeln schichten. Nun werden die Kabeljaufilets nebeneinander daraufgelegt. Die Oliven entsteinen, vierteln und zwischen dem Fisch verteilen. Dann noch Rosinen und Pinienkerne daraufstreuen und mit dem restlichen Salz und Pfeffer würzen. 2 EL Olivenöl über den Fisch träufeln und das Wasser zugeben. In einem geschlossenen Topf das Ganze nun bei mäßiger Hitze ca. 30—40 Minuten garen. Dann müßten die Kartoffeln weich sein. Dabei gelegentlich mit dem sich bildenden Fond begießen.

Fischeintopf Johannes

400 g Kabeljaufilet	1 TL Salz
6 mittelgroße Kartoffeln	½ TL Knoblauchsalz
1 grüne Paprikaschote	¼ TL Pfeffer
3—4 Tomaten	2 EL Tomatenketchup
1 EL Butter	¼ l Wasser
1 Zwiebel	

Den Fisch abspülen und gut trockentupfen. Kartoffeln und Zwiebel schälen und in Scheiben schneiden. Butter in einem großen Topf zerlassen und Kartoffel- und Zwiebelscheiben darin anrösten. Ketchup mit dem Wasser verquirlen und darübergießen. Salzen, würzen und etwa 10 Minuten lang köcheln lassen.
Die Paprika waschen, entkernen und in feine Streifen schneiden, die Tomaten überbrühen, schälen und auch in Scheiben schneiden. Paprika und Tomaten in den Topf geben. Den in Scheiben geschnittenen Fisch dazufügen. Mit dem restlichen Salz und den Gewürzen bestreuen. Das Ganze ca. 20—30 Minuten köcheln lassen und dabei den Topf ab und zu etwas rütteln.

Clam Chowder

Amerikanische Muschelsuppe

In Amerika werden Venusmuscheln für dieses Gericht verwendet, die es bei uns praktisch nicht gibt. Es schmeckt jedoch mit Miesmuscheln ebensogut.

50 Muscheln

Sud:
1¾ l Wasser
¼ l Essig
1 Zwiebel
3 Wacholderbeeren
5 Pfefferkörner
2—3 Lorbeerblätter

Suppe:
300 g Schinkenspeck
1 Zwiebel

4 Selleriestangen oder
½ Sellerieknolle
1 Kartoffel
1 Stange Lauch
2 Paprikaschoten
5 Tomaten
Salz
1 Zweig frischer
oder ½ TL getrockneter
Thymian
1 Becher saure Sahne
1 Bund Dill

Die Muscheln unter fließendem kalten Wasser sauber abbürsten und nur die geschlossenen verwenden; alle anderen sind verdorben. Für den Sud die in Ringe geschnittene Zwiebel mit den übrigen Gewürzen und der Mischung von Wasser und Essig aufkochen. Die Muscheln hineingeben und bei geschlossenem Deckel etwa 10 Minuten dämpfen, bis sich die Muscheln geöffnet haben. Den Topf währenddessen hin und wieder schütteln. Die Muscheln aus der Schale nehmen, entbarten und beiseite stellen. Die Brühe durch ein Sieb gießen. Den klein gewürfelten Schinkenspeck in einem Topf auslassen, die gewürfelte Zwiebel darin andünsten, etwas Muschelbrühe angießen. Den gewaschenen, geputzten Sellerie in kleine Würfel oder Stückchen schneiden, die Kartoffel schälen und würfeln, in den Topf geben und mitdünsten. Den Lauch längs spalten, gut waschen, in Stücke oder Streifen schneiden, die Paprikaschoten ebenso. Tomaten waschen und vierteln. Alle Gemüse zusammen mit 1 l Muschelbrühe ebenfalls in den Topf geben, mit Salz, Cayennepfeffer und Thymian würzen, 20 Minuten köcheln lassen. Durch ein Sieb passieren, die ausgelösten Muscheln hineingeben und noch einmal kurz erhitzen. Dann den Topf vom Herd ziehen, die saure Sahne unterrühren. Vom Dill einige schöne Zweige zur Dekoration beiseite legen, den Rest hacken und in die Suppe streuen. Mit frischem Grau- oder Weißbrot und mit Dillzweiglein garniert servieren. Eignet sich auch sehr gut als Gästeessen, aber natürlich nur für Muschelliebhaber!

Gemüse-Fisch-Topf

500 g Rotbarschfilet   1 l Fleischbrühe
250 g Möhren   1 kleine Zwiebel
375 g Erbsen   2 EL Öl
150 g grüne Bohnen   1 Bund Petersilie
1 Paprikaschote

Eine nur für Fisch benutzte Tonform mit Deckel wässern. Das Fischfilet würfeln. Die Möhren putzen und in dicke Scheiben schneiden. Paprikaschote entkernen und in Streifen schneiden. Die Bohnen von eventuellen Fäden befreien und in Stücke brechen. Erbsen enthülsen oder aus der Dose nehmen. Alle Zutaten mischen und in die gewässerte Tonform füllen. Die Fleischbrühe dazugießen, die Form schließen, ins kalte Backrohr schieben und bei ca. 220 Grad gut 1 Stunde garen. Vor Ablauf der Garzeit die Zwiebeln schälen, in feine Ringe schneiden und anschließend in heißem Öl in der Pfanne goldgelb braten. Die Petersilie fein wiegen und alles über das fertige Gericht streuen, ehe es mit frischem Brot serviert wird. Nach Belieben können auch Kartoffeln, in Scheiben geschnitten, mitgegart werden.

Fischtopf Lesbos

500 g Fischfilet
100 g Räucherspeck
1 Zwiebel
1 grüne Paprikaschote
200 g Reis
1½ l Fleischbrühe

1 Ei
4 EL Sahne
Salz, Pfeffer
Muskat
1 Knoblauchzehe

Den Räucherspeck fein würfeln und in einem großen Topf auslassen. Zwiebel schälen und kleinschneiden, Paprika entkernen und zu kleinen Würfeln schneiden. Zwiebel- und Paprikawürfel zum Speck geben und hell anschwitzen. Den Reis und die Fleischbrühe dazugeben und 15 Minuten bei niedriger Temperatur gar ziehen lassen. Das Fischfilet in Würfel schneiden und die eine Hälfte in den Topf geben. Die andere Hälfte im Mixer mit dem Ei, der Sahne und den Gewürzen gut pürieren. Daraus dann Klößchen formen und diese auch in die Brühe geben. Das Ganze noch einmal 5 Minuten ziehen lassen und dann heiß servieren.

Französisches Fisch-Ragout

1 kg Lotte (Seeteufel)	Fischbrühe:
Salz, Pfeffer	Fischgräten (in jedem
1 EL Butter	Fall vom gleichen Fisch)
1 EL Öl	1 Möhre
1 Gläschen Cognac	1 Zwiebel
2 Schalotten	1 Stück Stangensellerie
1 Knoblauchzehe	1 Bouquet garni
1 kleine Dose	(Thymianzweig,
Tomatenmark	1/2 Lorbeerblatt,
1 Glas Weißwein	1 Sträußchen Petersilie)
1/8 l Sahne	1 Tomate

Für die Brühe Tomate, Möhre, Zwiebel und Sellerie in kleine Stücke schneiden und zusammen mit den Fischgräten und dem Bouquet garni mit Wasser bedeckt zum Kochen bringen. Etwas Salz dazugeben und 20 Minuten lang kochen. Die Lotte in Stücke schneiden und in Butter und Öl anbraten. Den Fisch aus der Pfanne in einen Topf geben, mit Cognac übergießen und im Topf flambieren.

Im Kochfett des Fisches die in Würfel geschnittenen Schalotten und eine feingehackte Knoblauchzehe glasig anbraten. Tomatenmark mit den Schalotten durchschmoren und den Wein dazugießen. Das Ganze aufkochen. Die Fischbrühe mit den Gemüsen durch ein Sieb passieren und ein Viertel davon ebenfalls in die Pfanne geben. Diese Sauce soll auf die Hälfte eingekocht werden, dann die Sahne dazurühren und über die Fischstücke gießen. Bei leichter Hitze 10 Minuten leise köcheln lassen. Mit gehackter Petersilie bestreuen.

Fisch-»Pichelsteiner«

1 kg Fischfilet
500 g Kartoffeln
½ kleiner Weißkohl
1 Knolle Sellerie

300 g Möhren
3 Stangen Lauch
1 Sträußchen Petersilie

Eine ausschließlich für Fisch reservierte Tonform mit Deckel wässern. Das Fischfilet in Würfel schneiden, ebenso die geschälten rohen Kartoffeln. Die Sellerieknolle schälen und in Stifte schneiden. Die Möhren in Scheiben schneiden, den gut gewaschenen Lauch in Ringe zerteilen. Weißkohl ohne den Strunk fein hobeln. Alles gut miteinander mischen, in die gewässerte Tonform füllen und 1 l Salzwasser dazugießen. Die Form schließen und ins ungeheizte Rohr schieben. Bei ca. 250 Grad gut 1 Stunde schmoren und anschließend mit Petersilie bestreut servieren.

Vegetarische Gerichte aus Gemüse, Getreide, Tofu und Eiern

Wirsingeintopf mit Graupen
(Foto Seite 113)

100 g Gerstengraupen	1,5 l Gemüsebrühe
Salz	Pfeffer aus der Mühle
500 g Wirsing	1 TL Kümmel
1 Bund Suppengrün	1 Bund glatte Petersilie
40 g Butter	

Die Graupen in kochendem Salzwasser 25—30 Minuten garen. Wirsing waschen und vierteln, dann in Streifen schneiden. Suppengrün waschen, Möhren und Porree in Scheiben, Sellerie in Stifte schneiden. Wirsing und Suppengrün in der Butter andünsten, mit der Brühe auffüllen, mit Salz, Pfeffer und Kümmel würzen und zugedeckt 25—30 Minuten garen.
Die Petersilie hacken und über den Eintopf streuen. Die Graupen im Sieb abtropfen lassen und daruntermischen.

Ratatouille

3 EL Olivenöl
2 Zwiebeln oder
1 Bund Frühlings-
zwiebeln
3 grüne Paprikaschoten
1 rote Paprikaschote
6 Tomaten
3—4 Zucchini

1 große Aubergine
2 Zehen Knoblauch
Salz
Pfeffer aus der Mühle
1 Prise Zucker
Oregano oder Thymian
frisches Basilikum oder
Petersilie

Die Zwiebeln schälen und in gröbere Würfel schneiden, Frühlingszwiebeln nur halbieren. In dem erhitzten Olivenöl andünsten. Die in Streifen geschnittenen, entkernten Paprikaschoten zugeben und ebenfalls eine Zeitlang unter zeitweiligem Rühren mitdünsten. Die gewaschene Aubergine in Scheiben, dann
in nicht zu kleine Stücke schneiden, die gewaschenen
Zucchini in nicht zu dünne Scheiben schneiden, beides zugeben. Die Tomaten überbrühen, schälen, in
Stücke zerteilen und zufügen. Den Knoblauch fein
hacken, mit Salz zerdrücken oder durch die Presse an
das Gericht geben. Mit Salz, Pfeffer, Oregano oder
Thymian und einer Prise Zucker würzen, umrühren.
Einen Deckel auflegen, die Hitze reduzieren und so
lange köcheln, bis alle Gemüse gar sind, bzw. wie Sie
sie gerne essen. Das kann 30—45 Minuten dauern.
Man kann die Ratatouille aber auch zugedeckt in den
Backofen schieben und 1 bis 1½ Stunden bei etwa
175 Grad garen — das Ergebnis ist ebenfalls wunderbar. Vor dem Servieren noch abschmecken und ent-

Weiße-Bohnen-Eintopf (Rezept S. 131) ▷

weder mit frisch zerpflücktem Basilikum oder gehackter Petersilie bestreuen. Stangenweißbrot dazu reichen.

Rotkohleintopf

1 kleiner Kopf Rotkohl *Zimt*
(ca. 1 kg) *1 Schuß Essig*
750 g Kartoffeln *¼ l Wasser*
4 große Äpfel *Salz*
60 g Schmalz

Den Strunk aus dem Rotkraut herausschneiden und die äußeren schlechten Blätter entfernen, dann den verbleibenden Rotkohl fein hobeln. Kartoffeln schälen und in kleine Würfel schneiden. Äpfel ebenfalls schälen, vierteln, das Kerngehäuse entfernen und die Früchte in kleine Scheibchen schneiden.
In einem Topf das Schmalz erhitzen, Rotkraut und Äpfel dazugeben. Etwas Zimt, einen kleinen Schuß Essig sowie das Wasser hinzufügen und das Kraut halbweich garen. Nun die rohen Kartoffeln daruntermischen und alles zusammen etwa 60 Minuten weichkochen. Würzig abschmecken.

◁ *Bohnentopf mit Dilljoghurt* (Rezept S. 136)

Vollwert-Kartoffeltopf

750 g Kartoffeln
1—2 Zwiebeln
1 Knoblauchzehe
2 EL Olivenöl,
kalt gepreßt
1¼ l Gemüsebrühe
1 Zweig Thymian
frischer oder
getrockneter Majoran

1 TL Paprika edelsüß
1 TL Curry
Meersalz
Pfeffer aus der Mühle
2 Stangen Lauch
2 grüne Paprikaschoten
1 mittlerer Rettich
gut 500 g Tomaten
1 Becher Crème
fraîche

Die Kartoffeln schälen, waschen und in dünne Scheiben schneiden. Geschälte Zwiebeln und die Knoblauchzehe fein hacken. Das Olivenöl in einem großen Topf erhitzen, Zwiebeln und Knoblauch darin andünsten, die Kartoffelscheiben dazugeben, eine Zeitlang mitbraten, dann mit der Brühe auffüllen. Thymian, Majoran, Salz, Pfeffer und Meersalz zufügen, alles zum Kochen bringen, die Hitze reduzieren, einen Deckel auflegen und alles 10 Minuten köcheln lassen. Den Lauch längs spalten, gut waschen und abgetropft in feine Stücke schneiden. Die Paprikaschoten halbieren, waschen, entkernen und in feine Streifen, den geschälten Rettich in hauchdünne Scheiben schneiden. Die Tomaten überbrühen, schälen und würfeln. Die Gemüse zu den Kartoffeln geben und alles ca. 15 Minuten köcheln lassen. Vor dem Servieren noch einmal abschmecken und jede Portion mit einem Klacks Crème fraîche auftragen.

Weiße-Bohnen-Eintopf

(Foto Seite 128)

Für 6 Personen:

500 g getrocknete
weiße Bohnen
1 kg Gemüsezwiebeln
¼ l Olivenöl
2 Dosen geschälte
Tomaten (à 820 g)

10—15 frische Lorbeer-
blätter (ersatzweise
getrocknet)
2 Zweige Rosmarin
6 rote Chilischoten
(getrocknet)
Salz

Die Bohnen über Nacht in 1½ l kaltem Wasser einweichen. Am nächsten Tag im Einweichwasser zugedeckt eine Stunde bei mittlerer Hitze garen.
In der Zwischenzeit die Zwiebeln schälen und in Ringe schneiden. 4 EL Öl in einer Pfanne erhitzen und
die Zwiebelringe darin glasig dünsten. In einen Ton-
oder Gußeisentopf nacheinander jeweils ein Viertel
der Bohnen, der Zwiebeln, der Tomaten mit Saft ein-
schichten, mit Lorbeerblättern, abgezupften Rosma-
rinnadeln, zerbröselten Chilischoten und Salz bestreuen und mit Öl beträufeln. So lange weiterschich-
ten, bis alle Zutaten im Topf sind. Dann mit dem restlichen Öl übergießen. Zugedeckt bei 175 Grad auf
unterster Einschubleiste 1½ Stunden garen.

Auberginen-Reis-Eintopf

2 große Auberginen
3 Zwiebeln
8 EL Sesam- oder
Pflanzenöl
1 TL Kreuzkümmel-
samen
1 TL schwarzer
Senfsamen
1 TL gemahlener
Koriander
2 TL Currypulver
1 TL feingehackter
Knoblauch

1 EL frischer Ingwer
3 scharfe grüne
Chilischoten
2 gestrichene TL
grobes Salz
¼ TL Kurkuma
1 Tasse Langkornreis
2 Tassen Wasser
Saft von 1 Zitrone
2 EL gehackte frische
Korianderblätter

Die ungeschälten Auberginen in 1 cm dicke Scheiben schneiden, salzen und Wasser ziehen lassen. Zwiebeln schälen und in ½ cm dicke Ringe schneiden. Öl in einem großen Topf sehr heiß werden lassen, dann die Hitze etwas reduzieren. Kreuzkümmel und Senfsamen dazugeben. Deckel oder Spritzschutz bereithalten, da die Samen hochspritzen! Danach Koriander, Currypulver, Knoblauch, Ingwer und Chili, dann Zwiebeln und die gut abgetropften Auberginenscheiben dazugeben. Alles gründlich vermengen, so daß das Gemüse sich gleichmäßig mit den Gewürzen anreichert. Salz und Kurkuma darüberstreuen und nochmals vermischen. Nun das Gemüse ca. 8—10 Minuten schmoren. Danach die Tasse Reis dazugeben und untermischen. 2 Tassen Wasser zugießen und zum Kochen bringen. Bei geringer Hitze das Ganze nun zugedeckt 20—30 Minuten köcheln, bis der Reis weich ist. Danach die Hitze ganz wegnehmen und den Topfinhalt zugedeckt 5 Minuten ruhen lassen. Vor dem Servieren mit gehackten Korianderblättern bestreuen und mit etwas zerlassener Butter beträufeln.

Lauchtopf

Für 2 Personen:

500 g Lauch
5 g Reis
gut 1 Tasse Fleischbrühe
500 g Tomaten

2 Paprikaschoten
Paprika edelsüß
Salz, Pfeffer
Zitronensaft
Öl

Den Lauch säubern, die grünen Blätter entfernen und die weißen Teile in Stücke schneiden. In Salzwasser 5 Minuten kochen, dann abgießen. Den Reis auf einem Sieb mit kaltem Wasser waschen, abtropfen lassen. Die Tomaten enthäuten und in Scheiben schneiden, die Paprikaschoten entkernen und in kleine Streifen schneiden. In einem Topf 1 EL Öl heiß werden lassen und darin den Lauch 5 Minuten anbräunen, dann den gewaschenen Reis, die in Scheiben geschnittenen Tomaten und die Paprikaschoten dazugeben, die Brühe angießen und das Ganze nach Geschmack mit Paprika und Pfeffer würzen. Nun den Topf zudecken und bei mittlerer Hitze 30 Minuten dünsten. Zum Abschmecken evtl. salzen und etwas Zitronensaft darüberträufeln.

Bolivianischer Gemüsetopf

½ Tasse Reis
125 g Mais
125 g Erbsen
4 mittelgroße Kartoffeln
125 g frische Kürbis-
würfel
2 EL Öl

2 Zwiebeln
2 Knoblauchzehen
2 EL Tomatenmark
1 l Fleischbrühe
Salz, Pfeffer
Rosenpaprika

Zwiebeln schälen und fein hacken, Knoblauch in kleine Stifte schneiden und gemeinsam mit den Zwiebeln in Öl in einem Topf andünsten. Tomatenmark dazugeben, unter Rühren mit andünsten und das Ganze mit der Fleischbrühe löschen. Die Kartoffeln schälen, in kleine Würfel schneiden und in den Topf geben. Den Reis ebenfalls hinzufügen und ca. 30 Minuten bei mittlerer Temperatur dünsten. Dann Mais, Erbsen und die Kürbiswürfel dazugeben. Nur einmal kurz aufkochen, dann mit Salz, Pfeffer und Rosenpaprika würzen und servieren.

Vegetarischer Topf

1 kleiner Blumenkohl	1 Kohlrabi
½ Knolle Sellerie	400 g Erbsen
100 g grüne Bohnen	1 Lorbeerblatt
1 grüne Paprikaschote	Pfeffer
4 kleine Tomaten	Nelken
200 g Rosenkohl	1 TL Salz
1 Stange Lauch	ca. ¾ l Wasser
4 Möhren	

Einen Tontopf mit Deckel wässern. Das Gemüse waschen und zerkleinern. Blumenkohl in Röschen zupfen, Sellerie in Stifte schneiden, Bohnen in Stücke brechen und — wenn nötig — die Fäden entfernen. Die Paprikaschote entkernen und in Streifen schneiden. Die Tomaten überbrühen, enthäuten und vierteln. Vom Rosenkohl die äußeren Blättchen abnehmen. Geputzten Lauch in Scheiben schneiden, ebenso die Möhren. Den Kohlrabi schälen und in Stifte schneiden. Zum Schluß noch die Erbsen enthülsen oder aus der Dose nehmen.

Diese Gemüse miteinander vermischen und in den gewässerten Tontopf füllen. Danach ein Lorbeerblatt, einige Pfefferkörner und Gewürznelken dazugeben, nach Geschmack salzen, alles mit so viel Wasser übergießen, daß der Topfinhalt knapp bedeckt ist. Den Topf schließen, in den kalten Backofen stellen, dann auf 250 Grad schalten.

Die Garzeit beträgt ungefähr 1¼ Stunden.

Bohnentopf mit Dilljoghurt

(Foto Seite 129)

250 g weiße Bohnen
Salz
150 g Zwiebeln
3 Knoblauchzehen
2 rote Pfefferschoten
2 grüne Paprikaschoten
300 g Zucchini
6 EL Distelöl

30 g Rosinen
1 Dose geschälte
Tomaten (800 g)
Zucker
50 g geschälte Mandeln
2 Bund Dill
3 Becher Sahnejoghurt

Die Bohnen über Nacht in ¾ l Wasser einweichen, am nächsten Tag im Einweichwasser aufkochen, abschäumen und bei milder Hitze zugedeckt 1½ Stunden garen. Anschließend mit Salz würzen.

In der Zwischenzeit die Zwiebeln schälen und in Spalten schneiden. Die Knoblauchzehen schälen und 2 davon in dünne Scheiben schneiden, die dritte beiseite legen. Die Paprikaschoten putzen und in kleine Stücke, die Zucchini in 1 cm dicke Scheiben schneiden. 5 EL Öl in einem großen Topf nicht zu stark erhitzen. Zwiebeln, Knoblauch, Paprikaschoten und Rosinen darin bei milder Hitze glasig dünsten. Die Zucchini untermischen. Das Gemüse mit Salz abschmecken und noch etwa 3 Minuten weiterdünsten.

Die Tomaten abgießen, grob zerdrücken, unter das Gemüse mischen, mit etwas Zucker würzen und bei milder Hitze zugedeckt 15 Minuten dünsten.

Inzwischen die Mandeln in dem restlichen Öl goldbraun rösten und beiseite stellen.

Die Bohnen mit dem Kochsud vorsichtig unter das Gemüse mischen, abschmecken und 10 Minuten durchziehen lassen.

Die Dillzweige von den Stielen zupfen und grob zerschneiden. Den Joghurt in einer Schüssel glattrühren und mit ¾ des Dills mischen. Die dritte Knoblauchzehe in den Joghurt pressen, unterrühren und zum Schluß mit Salz abschmecken.

Den Eintopf in eine vorgewärmte Schüssel füllen, mit den Mandeln, 2 Löffeln Joghurt und dem beiseite gelegten Dill garnieren. Den restlichen Dilljoghurt extra reichen.

Eierragout Gabriel

8 hartgekochte Eier
1 rote Paprikaschote
1 grüne Paprikaschote
2 Zwiebeln
Butter
⅛ l Fleischbrühe

⅛ l saure Sahne
20 g Mehl
Salz, Pfeffer
1 TL Paprika, edelsüß
1 Bund Petersilie

Die Zwiebeln schälen und würfeln. Die Paprikaschoten entkernen und auch in Würfel schneiden. Zwiebeln und Paprika in Butter andünsten. Mit der Brühe auffüllen und 10 Minuten köcheln. Sahne mit Mehl verrühren und damit die Sauce binden. Nun wird das Ganze mit Salz, Pfeffer und Paprika gewürzt und gehackte Petersilie untergemischt. Die Eier halbieren und in das Ragout geben.

Gurken-Kartoffel-Topf

3 junge Salatgurken
(etwa 1 kg)
750 g Kartoffeln
2 Zwiebeln
2 EL Öl

4 Fleischtomaten
2 EL gehackter Dill
Salz
Fleischbrühe
1 Becher Crème fraîche

Einen Tontopf mit Deckel 15 Minuten wässern. Die Kartoffeln schälen und kleinwürfeln. Die jungen Gurken nur waschen, nicht schälen, halbieren und in dünne Stücke schneiden. Die geschälten Zwiebeln hacken und im erhitzten Öl in einer Pfanne goldgelb anrösten. Die Tomaten überbrühen, abziehen und achteln. Nun die Kartoffeln, Gurken und Tomaten in den gewässerten Tontopf füllen, den gehackten Dill und etwas Salz dazugeben. Alles gut umrühren, die gerösteten Zwiebeln darüberstreuen und soviel Fleischbrühe angießen, daß alle Zutaten bedeckt sind. Die Form schließen, in den kalten Ofen schieben und ca. 1¼ Stunden bei 220 Grad schmoren. Im Tontopf servieren, auf jede Portion einen Klacks Crème fraîche geben und frisches Landbrot dazu reichen.

Tessiner Eintopf

3 Zucchini
1 Aubergine
4 Tomaten
1—2 Paprikaschoten
750 g Kartoffeln
1 große Zwiebel
30 g Fett

1 Tasse Brühe
verschiedene Küchen-
kräuter (Petersilie,
Schnittlauch, Kerbel,
Basilikum, Liebstöckel
etc.)

Die Zucchini waschen und in Scheiben schneiden.
Aubergine schälen, salzen und in Würfel schneiden.
Tomaten überbrühen, abziehen und vierteln. Die Paprikaschoten aufschneiden, entkernen und in dünne
Streifen schneiden. Die geschälten Kartoffeln und
Zwiebeln in Würfel schneiden. Die Kräuter fein wiegen und in heißem Fett kurz anbraten, dann die Kartoffeln dazugeben, die Brühe zugießen und etwa
5 Minuten kochen. Alle Gemüse daruntermischen
und insgesamt ca. 20 Minuten garen.
Wer das Gericht vitaminschonender zubereiten
möchte, brät statt der Kräuter die Zwiebel in heißem
Öl an, fügt dann die Kartoffeln und nach 5 Minuten
die Gemüse zu und überstreut das Ganze erst kurz
vor dem Servieren mit den frisch gehackten Kräutern
nach Geschmack.

Gemüse-Weizen-Topf

½ l ungesalzene
Gemüsebrühe (aus dem
Reformhaus)
200 g Weizenkörner
2 Zwiebeln
1—2 Petersilienwurzeln
3 Karotten
150 g grüne Bohnen
1 Stange Lauch

Meersalz
Pfeffer aus der Mühle
gemahlener Koriander
1 frischer Zweig oder
etwas getrockneter
Majoran
2 EL geriebener
Parmesankäse
30 g Butter

Den Weizen erst kalt, dann warm waschen und über Nacht in der Gemüsebrühe einweichen. Am nächsten Tag zum Kochen bringen und bei schwacher Hitze ca. 1 Stunde zugedeckt ausquellen lassen. Die geschälten Zwiebeln fein hacken, alles Gemüse putzen, waschen und nach Belieben kleinschneiden. Wenn der Weizen ca. 40 Minuten gegart hat, zuerst die Petersilienwurzel und die Karotten, dann die Bohnen und schließlich den Lauch hinzufügen und das Gericht zusammen fertig garen. Mit Salz, Pfeffer, feinegehacktem frischen oder zerkrümeltem getrockneten Majoran würzen, sobald die Weizenkörner beginnen, aufzuplatzen. Den Topf vom Herd ziehen, den Käse und die Butter daruntermischen.

Bunter Gemüsetopf

(Foto Seite 144)

400 g Zwiebeln
250 g grüne Bohnen
500 g Möhren
500 g Kartoffeln
40 g Butter
200 ml süße Sahne

³/₈ l Gemüsebrühe
500 g Tomaten
Salz
Pfeffer aus der Mühle
1 Bund glatte Petersilie

Die Zwiebeln schälen und sechsteln. Bohnen waschen, entfädeln und in Stücke schneiden. Möhren und Kartoffeln waschen und schälen. Möhren in Scheiben schneiden, Kartoffeln längs vierteln. Die Zwiebeln im heißen Fett glasig dünsten. Kartoffeln zugeben und zugedeckt 10 Minuten garen. Dann Bohnen und Möhren zugeben, mit Sahne und Brühe auffüllen und zugedeckt weitere 15 Minuten garen.
Tomaten waschen, Stielansätze entfernen. Tomaten achteln und zum Gemüse geben. Den Eintopf noch einmal aufkochen lassen und mit Salz, Pfeffer und der gehackten Petersilie würzen.

Chili-Tofu-Kasserolle

Für 4—6 Personen:

2 EL Olivenöl, kalt
gepreßt
2 mittlere Zwiebeln
4 Stangen oder
½ Knolle Sellerie
2—3 Knoblauchzehen
500 g fester Tofu*
1 Zweig frisches oder
1 TL getrocknetes
Basilikum
1 TL Oregano
2 EL Chilipulver

1 TL gemahlener
Kümmel
6 frische, aromatische
Tomaten oder
1 große Dose geschälte
Tomaten
¼ l Tomatensaft
2 Dosen Kidneybohnen
(zu je 400 g)
Pfeffer aus der
Mühle
1 TL Meersalz
50 g Butter

Die Kidneybohnen aus der Dose auf ein Sieb schütten, mit kaltem Wasser abspülen und abtropfen lassen. Das Öl in einer großen Kasserolle erhitzen, die geschälten, gehackten Zwiebeln hinzufügen und darin andünsten. Den geschälten, feingehackten Knoblauch, den zerkrümelten Tofu und den kleingeschnittenen Sellerie zugeben, unter Rühren braten, bis die Zwiebeln glasig sind. Kräuter und Gewürze zufügen, frische Tomaten überbrühen, enthäuten und zerkleinern, Dosentomaten etwas zerkleinern, mitsamt dem Saft zufügen und alles unterrühren. Unbedeckt 15 Minuten kochen. Tomatensaft und die abgetropften Bohnen dazugeben und das Ganze zugedeckt auf kleinster Flamme etwa 1 Stunde köcheln lassen.

---

* Sojabohnenquark, aus dem Reformhaus

Sehr heiß servieren, vorher noch einmal mit den Gewürzen abschmecken, das frische Basilikum erst jetzt
darüberschnipseln und auf jede Portion ein kleines
Stückchen Butter geben. Ofenfrisches Maisbrot wäre
fein dazu oder aber einfaches Stangenweißbrot.

Gemüsetopf mit Grünkern

(Foto Seite 145)

Für 6 Personen:

1 kleiner Blumenkohl
(ca. 700 g)
350 g Möhren
75 g Grünkernschrot
40 g Butter
1½ l Gemüsebrühe

100 g Zuckerschoten
Salz
Pfeffer aus der Mühle
abgeriebene Schale
von 1 Zitrone
(unbehandelt)
2 Bund Basilikum

Den Blumenkohl putzen, waschen und in Röschen
teilen. Möhren schälen, waschen und schräg in Scheiben schneiden. Grünkernschrot in der Butter goldbraun anrösten. Blumenkohl und Möhren zugeben,
mit der Brühe auffüllen. Zugedeckt 15 Minuten garen.
Zuckerschoten putzen, waschen, dazugeben und zugedeckt weitere 5 Minuten garen.
Den Eintopf mit Salz, Pfeffer und Zitronenschale würzen. Basilikum von den Stielen zupfen, hacken und
vor dem Servieren darüberstreuen.

Tofu-Gemüse-Topf

3 EL Olivenöl, kalt
gepreßt
2 Zwiebeln
3—4 Karotten
4 Stangen oder
½ Knolle Sellerie
2 Knoblauchzehen
500 g Tofu*
3 Zucchini
2 große Tomaten

1 Zweig frisches
Basilikum, ersatzweise
1 Prise getrocknetes
wenig Rosmarin
1 Prise Bohnenkraut
2 Lorbeerblätter
Pfeffer aus der Mühle
¼ l Tomatensaft
¹/₁₀ l naturbelassene
Sojasauce (Shoyu)

Den Tofu in sauberer Gaze bzw. über einem Durch-schlag 10 Minuten pressen, dann etwa 2 cm groß würfeln. Die Zwiebeln schälen und in halbe Ringe, die Karotten schrappen, waschen und in Scheibchen schneiden, den geputzten Sellerie in kleine Scheiben oder Würfel schneiden. Das Öl in einem großen Topf erhitzen, Zwiebeln, Karotten, Sellerie und den ge-schälten, kleingehackten Knoblauch hinzufügen, an-braten, bis die Zwiebeln glasig sind. Die gewasche-nen Zucchini in gröbere Stücke, die geschälten Toma-ten in Würfel schneiden, unterrühren und 5 Minuten mitbraten. Unter ständigem Rühren Kräuter und Ge-würze zugeben und weitere 2 Minuten mitgaren, bis diese anfangen zu duften. Tomatensaft und Sojasauce angießen, gut umrühren, zudecken und alles ca. 1 Stunde sanft köcheln lassen. Frisches Basilikum erst jetzt darüberstreuen. Knuspriges Stangenweißbrot oder gebutterte Brötchen dazu servieren.

---

* Sojabohnenquark, aus dem Reformhaus

Kidneybohnenkasserolle

350 g Kidneybohnen
1—2 Zwiebeln
3 Karotten
1 Stange Lauch
1 Pfefferschote
2 EL Olivenöl, kalt
gepreßt
1 l ungesalzene
Gemüsebrühe
2 grüne Paprikaschoten

1 rote Paprikaschote
2 EL Tomatenmark
2 gestrichene EL Mehl
4 TL Paprika edelsüß
2 TL indisches
Currypulver
1 Becher Crème
fraîche
1 Bund Schnittlauch

Die Bohnen über Nacht in der Gemüsebrühe quellen lassen. Die Zwiebeln schälen, fein hacken, die Karotten schrappen, waschen und würfeln, den Lauch in zwei Teile spalten, gut waschen und in feine Stücke schneiden, die geputzte, gewaschene Pfefferschote fein hacken. Die Zwiebelstückchen in 1 EL Öl anschwitzen, die Bohnen mitsamt der Brühe hinzufügen und 45—50 Minuten bei geringer Hitze kochen. Nach etwa 20 Minuten die entkernten, grob gewürfelten Paprikaschoten im restlichen Öl anschwitzen, das Tomatenmark und die übrigen Gemüse zufügen, kurz durchrühren und alles in den Bohnentopf geben. Ca. 20 Minuten mitgaren.
Das Mehl mit etwas kaltem Wasser verquirlen, in das Gericht rühren und einige Minuten ziehen lassen. Mit Paprika, Curry, Salz und Pfeffer abschmecken und jede Portion mit einem Klacks Crème fraîche und mit Schnittlauchröllchen bestreut anrichten.

◁ *Gemüsetopf mit Grünkern* (Rezept S. 143)

Orientalischer Kichererbsencurry

30 g Butter
30 g getrocknete Ingwer-
wurzel
2 EL Sesamsamen
1 TL Koriander
500 g Frühlingszwiebeln
3—4 Karotten
1—2 Knoblauchzehen
3—4 Tomaten

5 Tassen gekeimte
Kichererbsen*
2 Becher Vollmilch-
joghurt
2 gestrichene TL
Kreuzkümmel
1 nicht zu reife Mango
½ TL Chilipulver
½ TL Zimt

Die Ingwerwurzel schälen und sehr fein würfeln, mit
Sesam und Koriander vermischen und in der zerlas-
senen Butter anbraten. Die Frühlingszwiebeln putzen, waschen, in Stücke schneiden — dabei auch einen Teil des Grüns verwenden und dieses in Ringe
oder dünne Streifen schneiden; die Karotten schälen
und würfeln, den Knoblauch ebenfalls schälen, hakken und mit grobem Salz zerdrücken, alles zu den
Gewürzen geben und unter Rühren einige Minuten
andünsten. Die Tomaten überbrühen, enthäuten, in
Stücke schneiden und mit Kichererbsen, Joghurt und
Kreuzkümmel in den Topf geben. Etwa 15 Minuten
auf kleinster Flamme leicht kochen. Die Mango schälen, vom Kern lösen und in kleine Würfel schneiden.
Mit Chilipulver und Zimt zum Curry geben und 5 Minuten mitgaren. Gekochten Vollwertreis oder Fladen-
brot dazu servieren.

---

* Kichererbsen am besten in einem Keimgerät 2—3 Tage keimen lassen. Es geht aber auch ein umgestülptes Einmachglas, das mit Gaze
und Gummiband verschlossen wurde. Die Erbsen jeden Tag spülen,
das Glas auf den Kopf stellen und ein Stöckchen etc. unterlegen, daß
die Luft zirkulieren kann. Etwa 3 Tassen Kichererbsen rechnen.

Exotisches Currygericht

100 g Weizenkörner
¾ l Wasser
200 g rote Linsen
Meersalz
Pfeffer aus der Mühle
1 EL indisches
Currypulver
2—3 Zwiebeln

30 g Butter
2 EL Olivenöl,
kalt gepreßt
100 g Mandeln
½ frische Ananas
2 Knoblauchzehen
frische oder getrocknete
Ingwerwurzel

Den Weizen über Nacht im Wasser einweichen. Am nächsten Tag im selben Wasser zum Kochen bringen und auf kleinster Flamme 30 Minuten ausquellen lassen. Die gewaschenen Linsen zufügen und weitere 20 Minuten köcheln. Mit Meersalz, Pfeffer und Curry würzen, sobald die Körner zu platzen beginnen. Getrockneten Ingwer jetzt zugeben, frischen erst zum Schluß über das Gericht reiben.

Die geschälten Zwiebeln in Ringe schneiden, in einer Mischung aus Butter und Olivenöl glasig dünsten. Körner und Hülsenfrüchte vom Strunk befreien und würfeln. Die Mandeln längs halbieren, in einer Pfanne ohne Fett anbräunen und mit den Ananasstückchen zur Weizen-Linsen-Mischung geben. Unterheben, mit fein gehacktem Knoblauch würzen und vor dem Servieren noch kurz durchziehen lassen.

Indischer Grieß-Pilaw

5 EL Sesam- oder
Pflanzenöl
1 Tasse Cashewnüsse
2 Tassen Grieß
1 TL schwarzer Senf-
samen
2 EL gelbe Erbsen
2 EL weiße Bohnen
1—2 scharfe grüne
Chilischoten
1 EL gehackter frischer
Ingwer

1 Tasse gehackte
Zwiebeln
1 Tasse gehackte
Tomaten (entkernt
und ohne Saft)
2 TL Salz
1 Becher Joghurt
mit 3 Tassen
warmem Wasser
verrührt
1—2 TL Zitronensaft

1 EL Öl in der Pfanne erhitzen und die Cashewnüse hellbraun anrösten. Danach herausnehmen und auf einen Teller geben. Noch 1 EL Öl in die Pfanne geben und den Grieß dazuschütten. Den Grieß auf mittlerer Hitze anrösten, bis die Körner gleichmäßig mit Öl überzogen und leicht angebraten sind. Den Grieß in eine Schüssel geben und die Pfanne mit Küchenpapier auswischen.

Die restlichen 3 EL Öl in die Pfanne geben und auf höchste Temperatur stellen. Wenn das Öl heiß ist, die Hitze reduzieren und die Senfsamen in die Pfanne geben. Vorsicht — einen Spritzschutz bereithalten, da die Samen hochspritzen! Dann die Erbsen zufügen und etwas anbräunen. Danach die Bohnen dazugeben und gleichfalls Farbe nehmen lassen. Dann Chili hinzufügen und wenige Sekunden rösten, Ingwer und Zwiebeln zugeben und unter kräftigem Rühren 3 Minuten braten.

Grieß, Tomaten, Salz und den mit Wasser verrührten Joghurt dazugeben und 1 Minute gut mischen. Das Ganze soll wie eine dicke Suppe aussehen. Beim Kochen wird der Grieß immer trockener. Während des Garens vorsichtig umrühren, damit das Gemüse nicht zerdrückt wird und der Pilaw leicht und locker bleibt. Der Garvorgang dauert etwa 15 Minuten. Zum Schluß Cashewnüsse und Zitronensaft einrühren. Den Pilaw in einer flachen Schüssel servieren.

Türkischer Bohnentopf

750 g frische dicke Bohnen
2 Gemüsezwiebeln
2 Knoblauchzehen
Meersalz
3 EL Olivenöl, kalt gepreßt
3 Tassen Gemüsebrühe
1—2 Lorbeerblätter

je 1 Zweig Rosmarin und Thymian, ersatzweise je ½ TL getrocknete Kräuter
Pfeffer aus der Mühle
1 Prise Zucker
1 Zitrone
8—10 schwarze Oliven
frische Petersilie

Die Bohnen verlesen, waschen und auf einem Sieb abtropfen lassen. Die geschälten Zwiebeln fein hakken, die geschälten Knoblauchzehen zerschneiden und mit grobem Salz zerdrücken. 2 EL Öl in einem großen Topf erhitzen, Zwiebeln und Knoblauch darin glasig dünsten. Die abgetropften Bohnen zufügen, umrühren und mit der Brühe aufgießen. Lorbeerblätter, Rosmarin und Thymian zugeben, das Ganze mit

Salz, Pfeffer und Zucker würzen. Die Hitze nach dem Aufkochen reduzieren, einen Deckel auflegen und den Topfinhalt auf kleinster Flamme 30 bis 40 Minuten köcheln lassen. Lorbeerblätter und Kräuterzweige herausfischen, die Bohnen auf ein Sieb schütten und abgetropft in einer Schüssel anrichten. Nochmals mit Pfeffer und Salz abschmecken. Die Zitrone inklusive der weißen Innenhaut schälen und sehr fein würfeln. Über die Bohnen streuen, die Oliven und die gehackte Petersilie zufügen, alles mit dem restlichen Olivenöl begießen und gut vermischen. Sofort lauwarm servieren. Dazu schmeckt frisches Fladen- oder Weißbrot.

Alphabetisches Register

Register nach Sachgruppen

SCHWEINEFLEISCHGERICHTE

VEGETARISCHE GERICHTE

WILDGERICHTE

HEYNE KOCHBÜCHER

Die größte Kochbuch-Spezialsammlung.
Praktisch, handlich, preiswert.

Fischgerichte, Schnecken

Ilse Froidl
Fische
Delikatessen aus
Flüssen, Seen und
Teichen
Mit Farbfotos
07/4444 - DM 8,80

Othmar Kuben
Schnecken
07/4306 - DM 4,80

Gemüse, Salate, Pilze

Claus Arius
Das Spargel-Kochbuch
07/4472 - DM 7,80

Hans-Jürgen Denckler
Das Tomaten-Kochbuch
07/4248 - DM 5,80

Heinz Denckler
Das Pilz-Kochbuch
07/4038 - DM 4,80
Das Paprika-Kochbuch
07/4320 - DM 5,80

Ilse Froidl
Salate über Salate
07/4057 - DM 5,80

Nelly Hartmann-Imhof
Sommersalate/Wintersalate
Mit Farbfotos
07/4395 - DM 9,80
Sommergemüse/Wintergemüse
Mit Farbfotos
07/4407 - DM 7,80

Katinka Mostar
Salate
Mit Farbfotos
07/4216 - DM 5,80

Emil Reimers
Das Spargel-Kochbuch
07/4132 - DM 4,80

Rita Renneberg
Zucchini & Co.
07/4490 - DM 8,80

Gini Rock
Das Zwiebelkochbuch
07/4205 - DM 4,80

Cornelia Schinharl
Das Avocado-Kochbuch
Mit Farbfotos
07/4493 - DM 8,80

Elisabeth Thurmair
Wurzeln, Kohl und Rüben
Ein modernes
Gemüsebuch
07/4456 - DM 7,80

Gewürze und Kräuter

Anna-Maria Jung
Das Knoblauch-Kochbuch
07/4253 - DM 5,80

Monique Lichtner
Knoblauch, Kräuter und Oliven
07/4478 - DM 7,80

Peter Reuss
Die gesunde Kräuterküche
07/4495 - DM 9,80

Elisabeth Thurmair
Die Kunst des Würzens
07/4470 - DM 8,80

Eva Trauter
Das Heyne-Gewürzbuch
07/4031 - DM 5,80
Das Heyne-Kräuterbuch
07/4083 - DM 5,80

Kartoffelgerichte und Teigwaren

Vincenzo Buonassisi
Nudel & Nudel
Mit Farbfotos
07/4333 - DM 6,80

Birgit Buschak
Der Kartoffelteufel
07/4448 - DM 6,80

Maria Casati
Pasta
Mit Farbfotos
07/4434 - DM 9,80

Ilse Froidl
Knödel und Klöße selbstgemacht
07/4143 - DM 5,80

Trudl Kirchdorfer
Leckere Nudel-gerichte
07/4087 - DM 5,80

Emil Reimers
Pizzas, Toasts und Waffeln
07/4102 - DM 5,80

Preisänderungen
vorbehalten.

**Wilhelm Heyne Verlag
München**

HEYNE KOCHBÜCHER

Große Köche, Regionale Spezialitäten, Gesundheit und Schlankheit.

PETER REUSS
Die gesunde Kräuter-Küche
Viele köstliche Rezepte mit frischen Kräutern und einer ausführlichen Kräuterkunde

07/4495 - DM 7,80

M.L.Scott J.D.Scott
Von Kartoffelknödel bis Pommes Soufflé
DAS KARTOFFEL KOCHBUCH
Mehr als 350 Rezepte aus aller Welt rund um die gesunde kalorienarme Kartoffel

07/4389 - DM 9,80

ANDREAS HELLRIGL
Die Südtiroler Küche
So ißt und trinkt man zwischen Dolomiten und Ortler

07/4496 - DM 9,80

DR. ANNE CALATIN
Die Rotations-Diät
Eine Woche wenig, eine Woche normal essen – und dabei rapide abnehmen

07/4475 - DM 7,80

Chantal Gallo
Die Küche der Karibik
Exotische Speisen und tropische Drinks von den karibischen Inseln

07/4488 - DM 9,80

Inge Paulus
Pfannen gerichte
350 Rezepte zum Braten, Grillen und Schmoren

07/4386 - DM 7,80

Trudi Kirchdorfer
Die bayerische Küche
300 Originalrezepte aus den Bayrischen Landen – mit Geschichten von Sigi Sommer und Illustrationen von Josef Steumeiser

07/4384 - DM 6,80

Elisabeth Thurmair
DAS NEUE GROSSE EINMACH BUCH
Neue Ideen und Techniken des Einmachens

07/4426 - DM 7,80

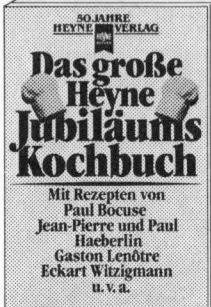